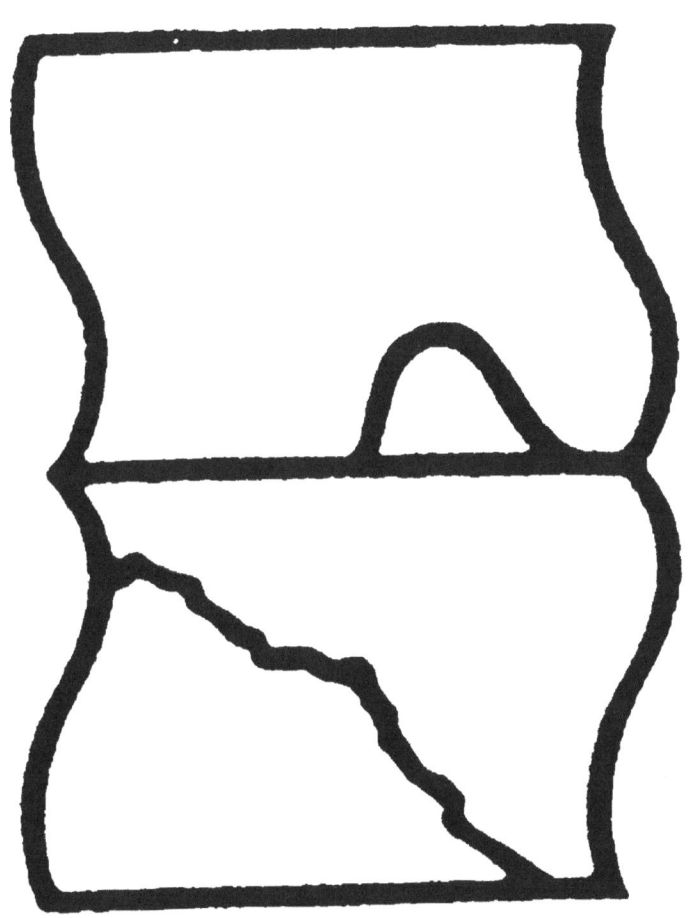

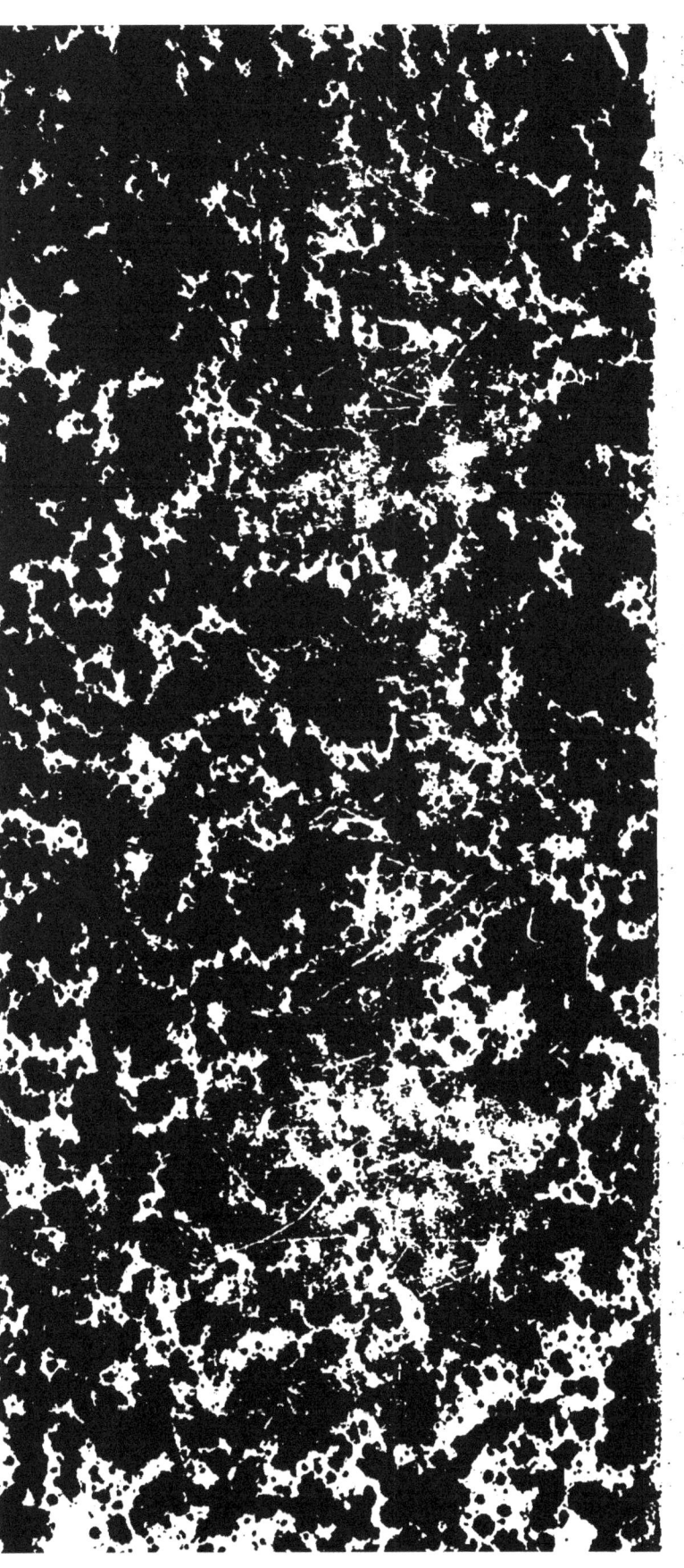

LE TARTUFFE
DES
COMÉDIENS

NOTES SUR TARTUFFE

PAR

P. RÉGNIER
DE LA COMÉDIE-FRANÇAISE

Deuxième édition

PARIS
PAUL OLLENDORFF, ÉDITEUR
28 *bis*, RUE DE RICHELIEU, 28 *bis*

1896
Tous droits réservés.

LE TARTUFFE

DES

COMÉDIENS

DU MÊME AUTEUR

SOUVENIRS ET ÉTUDES DE THÉATRE

AVEC UN PORTRAIT DE L'AUTEUR

Gravé par A. BLANCHARD

1 volume

Tous droits de reproduction et de traduction réservés pour tous les pays, y compris la Suède et la Norvège.

S'adresser, pour traiter, à M. Paul Ollendorff, éditeur, rue de Richelieu, 28 *bis*, Paris.

LE TARTUFFE

DES

COMÉDIENS

NOTES SUR TARTUFFE

PAR

P. RÉGNIER

DE LA COMÉDIE-FRANÇAISE

Deuxième édition

PARIS
PAUL OLLENDORFF, ÉDITEUR
28 *bis*, RUE DE RICHELIEU, 28 *bis*

1896
Tous droits réservés.

IL A ÉTÉ TIRÉ A PART
DIX EXEMPLAIRES SUR PAPIER DE HOLLANDE
NUMÉROTÉS A LA PRESSE
(1 à 10)

AVERTISSEMENT

De tous nos auteurs dramatiques, Molière est assurément celui qui a été le plus imprimé et le plus représenté ; chaque édition de ses œuvres est connue par le nom d'un commentateur différent, et il serait difficile de dire le nombre des *Études* et des *Essais* que, penseur, moraliste ou poète, son génie a inspirés ; l'interprétation scénique de son théâtre est restée un point moins étudié ; il n'intéressait, à vrai dire, que les interprètes, et c'est seulement de nos jours, dans la remarquable édition de ses Œuvres éditée avec la science et le goût reconnus de M. Paul Mesnard et de son collaborateur M. Desfeuilles et qui fait partie de la *Collection des grands écrivains*, qu'il est enfin question d'une façon approfondie de la représentation de ses ouvrages et des comédiens qui, depuis plus de deux cents ans, les ont représentés.

Jusque-là, le seul Cailhava avait traité ce point négligé. Malheureusement son livre [1], œuvre d'un auteur souvent éconduit par les comités de lecture, se ressent de l'hu-

---

[1] *Études sur Molière*, ou Observations sur la vie, les mœurs, les ouvrages de cet auteur, et sur la manière de jouer ses pièces. — Paris, Debray, an X, 1802, in-8°.

meur que lui inspiraient ses démêlés avec les comédiens français, et il entre plus de passion que de vraie critique dans ses jugements. C'est dans les gazettes, dans les correspondances des deux derniers siècles, notamment dans le *Mercure*, dans l'*Année littéraire*, dans *Grimm*, *Laharpe*, *Marmontel* et dans les *Mémoires de Bachaumont* qu'il faut aller aux informations. La curiosité, qui m'a toujours poussé à fouiller ces lieux de renseignements, m'en a fait recueillir d'utiles, et un jour, devant mes notes entassées, l'idée m'est venue d'entreprendre, moi aussi, à un point de vue exclusivement professionnel, une édition des œuvres de Molière; j'aurais appelé cette édition : *Le Molière des Comédiens*. « Mais le ciel se rit des vains projets des hommes. » Les années sont venues, ma tête a blanchi, et mon édition est encore à faire. Je tiens cependant toujours à mon idée que je crois bonne, et c'est tout autant pour indiquer de quelle façon je la concevais que dans l'espoir que quelqu'un pourra songer à la réaliser, que je publie celles de mes notes qui ont rapport à *Tartuffe*.

Ai-je besoin de dire qu'il n'entre dans mon plan aucune prétention littéraire ? En analysant mot par mot la pièce de Molière, je n'ai pas pour objet de commenter des beautés que tout le monde connaît, je me borne à donner mon avis sur la façon dont l'interprète doit chercher à les rendre, et, pour cela, je me suis servi de tout ce que j'ai vu, lu ou entendu sur *Tartuffe* depuis soixante ans; ce n'est pas un érudit, c'est un simple professeur de déclamation qui parle à de jeunes élèves; ma seule visée a été d'être encore utile, si je le pouvais, à ceux que je n'ai plus la tâche d'enseigner.

AVERTISSEMENT

Quelle autorité cependant aurai-je sur ceux-là? Ils n'ont plus le devoir de m'écouter, et les temps sont proches, je le crains, où l'on n'écoutera que ceux qui conseillent de n'écouter personne. L'anarchie n'est pas seulement une des méthodes recommandées de la politique, elle est conseillée aussi pour le théâtre, quelques-uns voudraient le voir se transformer profondément, et il existe aujourd'hui dans la critique et dans les foyers une école qui détourne les jeunes acteurs de la voie où ont marché leurs prédécesseurs. Cette école proclame que l'art du comédien n'est qu'un mot, qu'il n'est qu'un composé d'instinct et d'inspiration qui doit suffire à former un acteur, que des leçons ne peuvent que détruire son originalité, et que, pour cette cause, il doit expressément se défendre de tout ce qui est enseignement et tradition.

Mauvais pour des comédiens exercés, ces conseils sont pernicieux pour de jeunes acteurs. On ne naît pas plus comédien que l'on ne naît peintre, sculpteur ou poète. La nature fournit des dispositions, ce n'est pas douteux; mais si évidentes, si hautes qu'elles soient, elles ne suffisent pas à faire un artiste; il y a une grammaire dans tous les arts, le comédien a la sienne; il faut qu'il l'apprenne et qu'il la sache. La taille, la voix, l'instinct, l'inspiration, la physionomie sont sans doute de grands dons naturels, ils seront sans valeur si l'acteur n'y joint la connaissance complète des secrets de sa profession, s'il ne possède son outillage.

Ceux qui condamnent les leçons par la fausse raison qu'elles détruisent l'originalité dans l'élève, « réduit à ne plus être au théâtre que le singe de son maître », veulent ignorer que ce même reproche d'imitation a été adressé de tout temps aux débutants peintres, musiciens ou poètes; quant au comédien, j'affirme sans paradoxe qu'il serait juste de tourner pour lui le reproche en compliment, puisque le fondement même de son art est l'imitation. Toutefois le calque inconscient qu'à ses débuts un jeune acteur fait de son maître, ne doit inspirer aucune inquiétude pour son avenir; si le maître a été bon, il a enseigné à son élève autre chose que des procédés, et celui-ci — que d'exemples j'en ai vus! — dégagera bien vite son individualité, et usera de ses observations personnelles pour faire parler la nature. Dans tous les arts, quoi qu'on die, on ne devient soi qu'après avoir, plus ou moins longtemps, été un autre.

Le théâtre s'enseigne et s'apprend : Talma, Mars, Rachel, Frédérick Lemaître, pour ne parler que de ceux que nous avons connus, ont eu des maîtres; on a pu citer sans doute quelques individus bien doués qui devinaient ce qui était enseigné à d'autres, ou qui, s'appropriant les secrets de leurs compagnons, ont passé pour s'être créés eux-mêmes; mais au théâtre comme ailleurs, on est toujours « l'enfant de quelqu'un », et tant qu'il ne se produira pas un comédien formé en dehors de tous principes, et sans l'aide d'un homme de lettres, d'un acteur ou d'une école, je continuerai à croire que l'enseignement théâtral est utile, et que Molière a eu raison d'affirmer que, pour réussir dans un art, il faut associer « la pleine connaissance avec un grand génie[1] ».

Le grand génie, la nature seule le donne; mais la

[1] La *Gloire du Dôme du Val-de-Grâce*, poème.

pleine connaissance est un fruit de l'étude, et c'est ce que M. Scherer a excellemment répondu à M. Renan, sur l'une de ses assertions plus brillante que juste (*le Temps*, 25 avril 1883), « que personne n'a jamais bien dit ou écrit sans l'avoir un peu appris ».

Les jeunes comédiens ne sauraient trop se pénétrer de cette vérité, et s'efforcer de profiter des moyens d'étude que le Conservatoire met à leur portée. Combien peu d'entre eux cependant savent apprendre ! Il leur semble que la classe de déclamation soit la seule qu'il leur importe de suivre, c'est une erreur : les classes de littérature, d'escrime et de maintien ne leur sont pas moins nécessaires, et en dehors de l'École, il y a bien d'autres cours publics auxquels ils devraient se montrer assidus; à mon avis, on devrait voir les élèves du Conservatoire au Palais, aux Chambres, aux sermons, partout où l'on parle. La musique, la danse, le dessin sont des arts auxiliaires de celui du comédien, il doit les connaître d'une façon au moins rudimentaire ; il doit écrire et faire des vers; il est possible que la muse reste sourde à ses invocations, et que ses vers soient de ceux qu'il « devra se garder de montrer aux gens ». Mais il retirera du moins deux grands avantages de ses efforts poétiques : le sentiment du rythme, et la connaissance de la prosodie, sans lesquels il ne pourra jamais que débiter fort mal et peut-être estropier les vers d'autrui. Je sais bien que l'on a vu d'excellents comédiens parfaitement illettrés. Mais pense-t-on que l'instruction aurait nui à leur talent?

Stephenson ne savait pas lire ; il n'a point cru que ce fût la raison de son génie, et l'on sait quelle instruction il fit donner à l'homme éminent qui a été son fils. Un comédien, façonné par l'étude, et tel que je le comprends, doit pouvoir tout jouer; son tempérament, sa figure peuvent sans doute ne convenir qu'à quelques rôles, sont intelligence doit se prêter à tous; à un auteur qui l'engagera à mieux accentuer tel passage ou tel vers de son rôle, il ne doit pas répondre le mot des impuissants ou des imbéciles : « Je ne le sens pas. » — Dites que vous ne le comprenez pas, pourra riposter l'auteur; le comédien est un être qui feint précisément d'éprouver des sentiments qu'il ne sent pas, et vous devez savoir exprimer, quels qu'ils soient, ceux qu'il m'a plu de peindre : Est-ce que vous avez jamais été détrôné ? Vous est-il arrivé de tuer en duel le père de votre fiancée ? Vous seriez-vous d'horreur arraché les yeux pour avoir épousé votre mère ? Non. Eh bien, vous devez cependant nous persuader que vous avez été, comme le roi Lear, comme Rodrigue, comme Œdipe, la victime de toutes ces catastrophes, et ces sentiments qu'elles excitent, vous êtes tenu de les exprimer de façon à nous convaincre que vous les avez personnellement éprouvés; si vous n'y réussissez pas, c'est que vous êtes borné ou impuissant, c'est que vous n'êtes point comédien. Pour le devenir, il n'est pas de meilleure étude que celle du vieux répertoire; c'est celle malheureusement qui ennuie le plus les jeunes acteurs; combien aux vieilles pièces préfèrent-ils les modernes, qui attirent la foule et que cette foule applaudit de préférence! C'est cependant en étudiant les vieux maîtres qu'on apprend à bien jou... nouveaux.

L'ancien langage, avec ses tours différents des nôtres,

exige une diction ferme, nette, dégagée de tout vice de prononciation ; le grasseyement, ce défaut particulier des Parisiens, cher aux Marseillais, recommandé par les réalistes comme l'expression du naturel, le grasseyement doit en être sévèrement banni. Ce défaut, comme tant d'autres habitudes nonchalantes du parler moderne, ne tend qu'à altérer la délicatesse et le caractère de la prononciation, à dénaturer le son des voyelles, et à amortir l'accentuation des consonnes ; imparfaitement corrigé, il fait, je le reconnais, tomber dans un autre défaut la préciosité. Aussi n'est-ce pas à demi qu'il en faut triompher, c'est absolument, car le grasseyement ne donne pas le naturel, il ôte l'énergie ; il imprime en outre à la diction un accent pauvre ou vulgaire destructif de tout ce qui est style ou poésie.

C'est avec Corneille, Racine, Molière et leurs contemporains, c'est aussi avec Marivaux qu'il est bon de se former aux sonorités tantôt viriles, tantôt délicates du français. Une fois prises, ces saines habitudes ne se perdront jamais, et le comédien sera tout assoupli pour bien dire tout ce qu'il aura à dire. Il en est de l'acteur comme du virtuose, du danseur ou du gymnaste : une pratique patiente peut seule s'assouplir. De même que des tours de force et d'adresse, que la manœuvre des armes, que les mouvements de la danse, que tous les exercices qui mettent les membres en activité ne deviennent faciles à ceux qui les exécutent et surtout ne paraissent faciles à ceux qui les voient exécuter, qu'au prix de beaucoup de fatigue et de peine, de même le comédien ne peut acquérir de la netteté dans son articulation, de la correction dans sa manière de prosodier, et se délivrer de cette affectation que donnent au début les exercices de pronónciation, qu'en s'astreignant à une discipline rigoureuse et à une constante surveillance de soi-même. Pour arriver à bien parler, il faut qu'il parle bien machinalement.

C'est donc par une répétition antérieure et fréquente des mêmes mots, des mêmes accents, exprimés, autant que possible, avec l'émotion, le mouvement, le sentiment même requis par la situation dans laquelle l'auteur les a introduits, que le comédien peut assurer ses moyens d'exécution.

Il doit par des exercices multipliés travailler la justesse de son oreille, l'étendue de sa voix, la netteté de sa prononciation, afin de pouvoir tour à tour et sans effort apparent jeter un cri, un éclat de rire, un sanglot, un accent de colère ou de joie, tout ce qui doit enfin paraître sortir de l'âme d'un jet spontané. — Quels que soient les transports ou les éclats de voix que son rôle exige, il sera bien rare alors que ses mouvements soient déréglés ou ridicules, ou que son organe se fausse. — La certitude de pouvoir bien exécuter ce qu'il a réglé depuis longtemps, de ne rencontrer aucun obstacle du côté de la voix ou du geste, lui donne une fermeté d'accent, une netteté et une largeur d'exécution, une liberté d'esprit qui doublent sa faculté d'expression et lui font atteindre, au delà de ce qu'il a cherché et étudié, des effets que développent électriquement l'assentiment et l'enthousiasme du public qui entraîne peu à peu ou tout à coup avec lui.

Donc si je conseille au jeune acteur de commencer ses études par celle du vieux répertoire, je lui conseille aussi, malgré les opinions contraires que j'ai citées plus haut, de se soumettre d'abord à la discipline de l'enseignement, et plus tard, quand il volera de ses propres ailes, à consulter attentivement la tradition ; c'est un mot, je le sais bien, dont on a pris l'habitude de se moquer, mais sur lequel il est nécessaire de s'entendre. La tradition ne consiste pas dans les lazzis, les altérations de texte, les fantaisies parasites que le souffleur recueille scrupuleusement dans ses notes, et transmet à chaque débutant sous l'autorité de l'usage. Ainsi comprise, elle ne mérite pas d'être consultée, sinon par curiosité. La tradition telle que je la conçois ne s'applique pas à faire un acteur à l'empreinte d'un autre acteur, mais s'emploie à profiter de la science d'un artiste disparu pour en former un nouveau et perpétuer les acquisitions de chacun. Un acteur, je tiens à le répéter, ne se produit pas spontanément : il procède toujours, quoi qu'il fasse, d'un autre artiste. Son originalité n'est qu'un prolongement perfectionné, si c'est possible, de ceux qui l'ont précédé, et la différence qui existe entre lui et eux tient seulement à son intelligence et à ses moyens personnels. Donc la tradition véritablement utile et à rechercher est celle qui dérive de la pensée même du poète, communiquée à ses premiers interprètes, c'est celle qui explique le caractère, l'esprit du rôle, et donne la connaissance des jeux de scène qui le colorent et le fortifient, alors que l'auteur n'a pu tout dire et qu'il a laissé au comédien le soin de compléter ses indications par son jeu. Une longue succession de représentations a amené d'âge en âge des effets qui ont éclairé et parfois rehaussé l'ouvrage ; il serait absurde de les dédaigner.

Que l'on joue, par exemple, *George Dandin* et l'*Ecole des maris* sans les traditions dont ces deux pièces abondent, et l'on verra ce qu'elles peuvent y perdre. — C'est dans les souvenirs des comédiens, des lettrés, des gens du monde, c'est dans les journaux du passé et même dans quelques livres très étrangers au théâtre qu'on trouve parfois inopinément d'utiles renseignements sur la tradition théâtrale ; il faut toujours avoir l'esprit éveillé pour les recueillir, mais il faut aussi apporter beaucoup de discernement à en user. Bonne à connaître, la tradition, comme je viens de le dire, n'est pas toujours bonne à suivre, et Dieu sait ce qu'elle devient interprétée par un acteur forcé et sans goût. On verra ce qu'Augé avait fait de Tartuffe. Aujourd'hui les auteurs épargnent les recherches aux comédiens de l'avenir ; ils prennent soin, dans l'impression de leur œuvre, d'expliquer eux-mêmes le caractère de leurs rôles, la disposition précise des décors et de la mise en scène ; ils indiquent la place de chaque meuble, la position des acteurs, leurs changements de place, et soulignent les sentiments qui les agitent, la colère, la joie, la douleur, l'ironie : tous les éclats ou les moindres nuances de la passion, tout est expliqué, enseigné, seriné quelquefois de telle sorte qu'à moins d'être inepte, l'acteur ne peut s'égarer et fausser l'esprit de son rôle. Ces précautions sont utiles, elles contrastent avec celles que prenaient ou plutôt que ne prenaient pas les auteurs du passé. Ouvrez le *Cid* ; on n'y trouve que deux indications : l'une qui regarde la mise en scène : « *La scène est à Séville* », l'autre qui vise les interprètes ou seulement deux d'entre eux. — Après ce vers de D. Gormas :

AVERTISSEMENT

> ... Ton insolence,
> Téméraire vieillard, aura sa récompense.
>
> (Il lui donne un soufflet.)

On lit : *D. Diègue met l'épée à la main*, et c'est tout.

Dans *Cinna*, vous ne rencontrerez que ces seules indications :

AUGUSTE

« Polyclète, écoutez, »

(Il lui parle à l'oreille.)

Polyclète sort.

. . . .

Polyclète rentre.

Dans *Polyeucte*, cet unique renseignement : *Les gardes se retirent au coin du théâtre.*

Chez Racine, même laconisme ; on ne trouvera dans *Phèdre*, à la suite du vers :

> Et mes genoux tremblants se dérobent sous moi.

que cette note unique :

Elle s'assit.

Les éditeurs modernes ont imprimé : *Elle s'assied*.

Comprend-on combien cette absence de renseignements rend précieuse la tradition, c'est-à-dire cette transmission de comédien à comédien des conseils donnés par l'auteur à ses premiers interprètes ? Veut-on savoir l'importance que quelques-uns de nos plus grands comédiens y ont attachée ? Qu'on lise cette page de Talma extraite d'un de ses entretiens avec M. Audibert : « Souvent, a-t-il dit, j'interroge le souvenir de ceux de mes camarades qui ont vu Lekain, Brizard, Grandval, Clairon, Dumesnil, ces gloires de l'ancien théâtre français. Que d'applaudissements, que de couronnes, dont le public m'a fait hommage, devraient retourner au front de Lekain! Monvel, par sa mémoire qui avait tout retenu, et par son intelligence qui avait tout compris, Monvel m'a révélé quelques-uns des secrets de ce grand maître. Les vers admirables qui signalent l'arrivée de Néron et dénoncent si bien son caractère, je les dis avec les mêmes sentiments dont s'animait Lekain. J'ai cru devoir montrer seulement un peu plus de jeunesse et de colère; mais ce n'est là que la teinte générale du morceau. L'agitation de Néron, tout ce qu'il roule de fureur dans son esprit et qui doit impressionner sa parole, son trouble, son désordre, l'impétuosité de ses désirs, tout cela est du Lekain. Lekain est le peintre, moi le graveur : oui, le graveur, car je n'ai pu rendre avec mon trait d'emprunt toute la profondeur de la pensée sortie d'un tel pinceau. Par exemple, lorsque Néron, à son entrée, dit hautement à Burrhus et de manière à se faire entendre de toute sa cour, ces beaux vers, suite d'une conversation qu'il est censé avoir commencée avant de paraître :

N'en doutez point, Burrhus, malgré ses injustices,
C'est ma mère et je veux ignorer ses caprices.

il y avait, dans la manière dont Lekain prononçait ces mots : *C'est ma mère*, une expression de respect filial, mais en même temps d'impatience contre le joug de ce respect qui égalait Lekain à Tacite. Comment sans Monvel aurais-je su cela, moi venu après la mort de ce grand acteur? Mais, à mon grand regret, je ne puis pas toujours le voler ; je serais ridicule dans certains effets où il était sublime[1] ! »

Devant ces aveux où l'admirable artiste constate si noblement l'enseignement qu'il a reçu de la tradition, nos jeunes comédiens repousseront-ils toujours, comme on leur conseille de le faire, le secours que peut leur apporter le passé, pour n'écouter que l'inspiration ? L'inspiration ! Garrick l'appelait la déesse des paresseux ; mais cette divinité, je le crois bien, ne favorise jamais d'une visite que ceux qui se sont rendus dignes de la recevoir.

Un jour que j'assistais à une séance de la Chambre, j'entendis je ne sais plus quel député parler d'un heureux fait d'armes dans lequel il ne voyait qu'une simple inspiration du hasard. « L'inspiration sur le champ de bataille, monsieur, s'écria le maréchal Soult, est un calcul instantanément fait ! » N'en serait-il pas de même pour le théâtre, et peut-on faire un calcul sans avoir appris l'arithmétique ? C'est pour leur enseigner celle sans laquelle il ne me paraît pas possible de pouvoir bien jouer la comédie, que je mets dans les mains de mes jeunes camarades ce livre de classe, qui pourra peut-être répondre à l'une des exigences de leurs études. Je crois qu'il n'y a rien de mieux pour faire l'éducation d'un comédien que de lui apprendre à lire dans son rôle, à y chercher les intentions qu'il renferme et qui en sont l'esprit, et les effets qui peuvent en sortir. « Si j'écrivais sur mon art, a dit encore Talma[2], on serait fort étonné

---

[1] Audibert. *Mélanges de littérature et d'histoire*, p. 237-238.
[2] Jibert. *Mélanges de littérature et d'histoire*, p. 237.

de la quantité de volumes qu'il faudrait pour un seul rôle ; une intonation pourrait fournir la page d'un livre, et cette intonation pourrait être quelquefois le résultat d'un livre de réflexions. »

L'éminent critique du *Temps*, M. Sarcey, que les difficultés de l'art d'écrire embarrassent peu, a dit aussi qu'il lui faudrait un feuilleton tout entier pour analyser douze vers, « n'y ayant point de notation algébrique, ni musicale pour l'écriture de la diction[1] ».

C'eût été de ma part une grande présomption de me flatter de vaincre une difficulté tenue pour embarrassante par les auteurs que je viens de citer ; je ne l'ai pas tenté. Plus audacieux, le tragédien Larive, auteur d'un *Cours de déclamation*, s'est proposé de guider son élève par l'enseignement écrit des intonations. Rien de plus dangereux, à mon sens, qu'un tel système. Prescrire à un élève, comme le fait Larive, de dire tel hémistiche dans le *haut*, dans le *bas* ou dans le *médium* de la voix, est non seulement d'une application assez difficile, mais doit être certainement très embarrassant et très périlleux pour un jeune acteur dont la voix différera de celle du maître, et qui s'habituera, par cette défectueuse méthode, à substituer des procédés et des artifices de métier à la recherche du sens vrai, passionné ou poétique du sentiment qu'il a à rendre. — Mais si la musique de la parole — M. Sarcey a eu raison de le dire, — ne peut se noter comme celle du chant, il n'en est pas de même des sentiments qui l'inspirent ; l'expression de ceux-ci peut être parfaitement indiquée par l'écriture. Sans avoir

---

[1] *Le Temps*, 21 avril 1882.

besoin de recourir à la voix, on peut enseigner à un élève le caractère d'un rôle, la finesse ou la puissance d'un mot, l'esprit et la physionomie d'une phrase, et l'exciter à chercher et à trouver lui-même les intonations propres à lui donner de la valeur. Si l'élève possède les premiers éléments de son art, le sentiment du rythme, et la connaissance de la prosodie, c'est par l'analyse et la réflexion, bien plus que par l'enseignement des sons et de la tonalité des mots, qu'on l'amènera à pénétrer les véritables et les plus importants secrets de sa profession. Ce système est, je crois, le meilleur; il trouvera cependant encore, je le sais, des contradicteurs.

Etudier à fond la pensée de l'auteur, chercher à la mettre en lumière et à l'interpréter de manière à en faire ressortir tout ce qu'elle peut produire, semble, à celui qui comprend peu l'art du théâtre, un effort vain et des plus inutiles. « Des acteurs et de grands acteurs, a dit Mérimée[1], ont souvent le défaut de s'occuper trop des mots de leur rôle et pas assez de son caractère général; on appelle cela *marquer des intentions*, je crois, et cela ne manque pas de plaire au public qui apprécie facilement le talent de l'acteur à varier les inflexions de sa voix. En marquant ainsi des intentions, je crains qu'on ne fausse celle de l'auteur, et qu'on ne lui attribue des traits auxquels il n'avait pas pensé. Dans les imprécations de Camille, Mlle Rachel donnait un sens ironique au dernier hémistiche de ce vers :

Saper ses fondements *encor mal assurés*.

---

[1] *Portraits historiques et littéraires*, p. 358.

Elle le soulignait par un merveilleux changement d'intonation; mais Corneille l'eût-il approuvée? Quiconque a entendu des paroles arrachées par la passion a pu remarquer qu'elles sortaient rapidement et avec une violence qui ne permet guère les transitions délicates.

« Je conçois les imprécations de Camille comme une suite de cris rapidement articulés et j'oserai dire monotones. »

Je professe beaucoup de respect pour le talent et l'esprit de Mérimée; mais j'oserai dire aussi que la thèse qu'il soutient ici est, à mon sens, des plus erronées. A-t-on jamais pu d'abord qualifier du nom de « grands acteurs » ceux qui font valoir les mots de leur rôle au détriment de son caractère général, et qui faussent par là les intentions de l'auteur? Ce ne fut jamais, en tout cas, un reproche à adresser à Rachel; *Camille* fut un de ses meilleurs rôles, et elle n'en altérait point assurément le caractère général, malgré tous les effets, ou plutôt toutes les beautés de détail dont elle avait su le parer. Je pense que, s'il eût été donné à Mérimée d'entendre les imprécations de Camille dites comme il les concevait, il aurait tout aussitôt reconnu que cette façon de les débiter ne pouvait produire qu'une vocifération sans pensée et sans effet. Le comédien — cela n'arrive qu'aux véritables artistes — le comédien peut découvrir des effets que l'auteur n'avait nullement prévus, mais dont le mérite remonte toujours à celui-ci, puisque c'est sa pensée qui les a inspirés et qu'ils ne sauraient être obtenus en dehors du *caractère général* de l'œuvre dont ils dépendent; ainsi, dans le vers qui fait partie de l'imprécation célèbre citée par Mérimée :

AVERTISSEMENT

> Rome, l'unique objet de mon ressentiment !
> Rome, à qui vient ton bras d'immoler mon amant,
> Rome qui t'a vu naître et que ton cœur adore,
> Rome enfin que je hais parce qu'elle t'honore !
> Puissent tous ses voisins ensemble conjurés
> Saper ses fondements encor mal assurés !

ce dernier hémistiche ne serait qu'une cheville si l'actrice ne lui donnait pas, comme le faisait la grande tragédienne, une expression, non d'ironie, Mérimée s'est mépris, mais d'espérance et de joie féroce à la pensée de l'avortement possible de la grandeur romaine.

Cette pensée n'est-elle donc pas contenue dans le vers de Corneille ? A-t-il écrit : « *Encor mal assurés* » uniquement pour la rime ? Qu'il n'attendît aucun effet de son hémistiche, c'est probable ; mais croit-on que Rachel ait faussé sa pensée en lui donnant l'accent qu'il avait dans sa bouche ? Et l'eût-il désapprouvée pour l'effet merveilleux — c'est Mérimée qui le dit — qu'elle en avait su tirer ?

M. Émile Augier me disait un jour : « Mon expérience m'a prouvé que le comédien m'enlève tout ce qu'il n'ajoute pas à son rôle. » Une telle opinion, venant d'un auteur dramatique aussi éminent qu'Émile Augier, n'est-elle pas en contradiction absolue et triomphante avec celle de Mérimée, qui n'a jamais eu affaire ni au théâtre, ni aux comédiens ? Que les jeunes acteurs en fassent donc leur profit.

Notre art consiste, non pas seulement à traduire, mais à interpréter le poète en ajoutant à son vers les nuances et les délicatesses de la voix et par conséquent de l'âme humaine, que la plume, si habile qu'elle soit, sera toujours impuissante à rendre.

« L'acteur — je cite encore Talma — doit réveiller dans l'esprit du spectateur une foule d'idées par un mot simple en apparence. » Et, j'insiste sur ce point, ce sera bien moins par la vibration de la voix et par la sonorité qu'il donnera aux mots que le comédien fera pénétrer les vers du poète dans l'entendement et même dans le cœur du public, que par la juste compréhension qu'il aura eue et qu'il montrera de sa pensée.

L'art n'est pas de montrer son habileté ; il consiste au contraire à la dissimuler sous la simplicité et le naturel ; le grand art de dire, en dehors de tout ce qui doit flatter l'oreille pour aller au cœur, est d'être compréhensible sans que l'auditeur puisse s'apercevoir qu'on lui a rien souligné. Que les jeunes comédiens qui se serviront de cette étude de *Tartuffe* se gardent donc bien de chercher à faire valoir tous les mots sur lesquels les caractères différents d'imprimerie appellent leur attention. Je devais les signaler pour les aider à bien saisir le sens et l'esprit de la phrase qu'ils ont à rendre. Ils apprendront, je l'espère, le secret de ne perdre aucun mot de leur rôle, sans afficher la prétention de les faire tous valoir. Ils comprendront à la longue qu'un apparent abandon peut devenir un effet; que *déblayer* est quelquefois aussi une façon d'*appuyer*, et qu'en fait de récitation et de jeu, la négligence même serait encore préférable à l'affectation.

En résumé, je crois que ni le hasard, ni la fantaisie, ou, comme on veut l'appeler, l'inspiration ne peut remplacer dans le comédien l'étude, le travail et tout ce qui lui fait acquérir la réflexion de la pensée et la répétition quotidienne du jeu expressif de ses organes. Son but doit être de satisfaire en même temps l'esprit et l'oreille, d'enlever à la fois les applaudissements du grand public par la vérité de son accent et de son jeu et ceux des lettrés et des délicats par la profondeur ou la finesse de ses intentions. J'affirme donc que l'instruction professionnelle du comédien n'est point destructive de son originalité et qu'elle en est au contraire la merveilleuse base ; que la facilité dans tous les arts est presque toujours la grâce du travail; qu'il est absurde, quand un acteur a mission d'interpréter des rôles qui ont plus de deux cents ans de date, de se refuser, en l'absence de renseignements donnés par l'auteur, à connaître les effets produits par les grands artistes qui les ont illustrés, sous la surveillance de la critique qui les a conseillés, avec l'approbation du public qui les a applaudis. Telle a été ma conviction, telle a été ma règle dans ma longue carrière; c'est parce qu'elles m'ont réussi que je les conseille. C'est en reconnaissance de ce que je leur ai dû que j'ai entrepris ce travail et que je le livre à l'expérimentation des jeunes artistes. Il ne pourra en aucun cas paralyser leurs inspirations, et j'ai l'espoir qu'il pourra, tout au contraire, contribuer à leur développement.

Et maintenant, passons à *Tartuffe*, et tâchons de prouver notre dire, par l'analyse, au point de vue de l'exécution théâtrale, du chef-d'œuvre, de l'un des chefs-d'œuvre de Molière.

NOTES SUR TARTUFFE

LE ROLE DE TARTUFFE[1]

Tartuffe est un rôle que presque tous les comédiens désirent jouer, et qui fait cependant le désespoir de ceux dont le devoir est de le représenter lorsqu'ils en comprennent la valeur. L'idée que se forme le public d'un personnage qui caractérise si clairement le vice que l'auteur a voulu peindre, que son nom propre est devenu un nom commun, les hauteurs en quelque sorte inaccessibles où le monte l'imagination, font, a dit un critique : « qu'il est impossible de ne pas établir une distance considérable entre le personnage et son représentant. Le meilleur des comédiens a dû être celui qui s'y est montré avec le moins de désavantage, eu égard à la nature de ce type trop beau pour être facilement déchiffrable. Il n'appartiendra à aucun de descendre jusque dans les profondeurs que l'écrivain y a creusées. On n'explique pas les inspirations divines[2]. »

Cette sentence, quelque peu emphatique, mais souvent reproduite, est bien faite, on le comprend, pour troubler le

---

[1] Cette étude a paru dans le *Moliériste* de décembre 1881 (t. III, p. 259 à 272).
[2] Charles Maurice.

comédien : il se sent condamné d'avance, et n'aborde qu'en tremblant ce rôle redoutable ; il en est tel plus timide encore, qui, sourd aux encouragements les plus bienveillants, s'est toujours refusé à le représenter, du moins sur le théâtre auquel il appartenait, le Théâtre Français.

Est-ce à dire que nul acteur ne peut descendre *jusque dans les profondeurs d'un pareil rôle ?* non pas : on voit clair dans ces profondeurs ; ce n'est pas un lieu de ténèbres ; si le rôle est très difficile à bien jouer, il n'est pas injouable : les rôles mal faits sont seuls dans ce cas, et ce n'est pas assurément le cas de Tartuffe ; Molière n'a point fait peser sur la manière de le jouer les mystères dont il a enveloppé le personnage ; son premier interprète a reçu de lui l'indication propre à le bien rendre, et c'est la tradition seule de ce jeu, j'espère le faire voir, qui s'est d'abord altérée, puis perdue ; la critique toutefois a su la retrouver, et c'est en m'aidant de ses recherches, et des études qu'elle a faites sur les comédiens qui ont successivement joué le rôle, qu'il m'a été, je crois, possible de la reconstituer. Chacun de ces comédiens a donné tour à tour une note qui, recueillie, approuvée ou contestée, peut permettre de rétablir l'ensemble juste du personnage ; j'ai entrepris cette restitution, en annotant vers par vers tout cet admirable rôle ; à cette page je ne m'occupe que de sa couleur générale, et des divers comédiens qui l'ont successivement interprété.

Écoutons d'abord Perlet, l'un de ceux-là, acteur instruit, qui a écrit sur *Tartuffe* une étude, discutable peut-être dans quelques détails, mais qui mérite, à mon sens, la plus sérieuse attention :

« De tous les caractères qu'on a montrés au théâtre, dit-il[1], le plus difficile est peut-être celui de Tartuffe. Il offre un écueil dans lequel

---

[1] *De l'influence des mœurs sur la comédie.* Paris, Dauvin et Fontaine, in-8°, 1848.

sont tombés jusqu'ici la plupart des comédiens qui l'ont représenté. Ils ont donné à leur physionomie, à leur maintien, une expression d'hypocrisie tellement prononcée que ce personnage, joué de la sorte, ne peut être dangereux pour personne. A moins d'être stupide, il n'est pas permis de devenir sa dupe. Orgon, il est vrai, dit, en racontant comme il fit la connaissance de Tartuffe :

> Chaque jour à l'église il venait, d'un air doux,
> Tout vis-à-vis de moi se mettre à deux genoux ;
> Il attirait les yeux de l'assemblée entière
> Par l'ardeur dont au ciel il poussait sa prière ;
> Il faisait des soupirs, de grands élancements,
> Et baisait humblement la terre à tous moments ;
> Et lorsque je sortais, il me devançait vite
> Pour m'aller à la porte offrir de l'eau bénite.

Mais toutes ces môrneries étaient faites de manière à pouvoir le tromper ; car Orgon est un de ces fanatiques de religion qu'il n'était pas rare de trouver au temps de Molière ; mais, à coup sûr, ce n'est point un imbécile. La preuve que Tartuffe est loin de le juger tel, c'est que, dans la scène où Damis le surprend déclarant son amour à Elmire et se hâte d'en instruire son père, Tartuffe ne cherche point à se justifier. Pourquoi donc ne le fait-il pas ? Pourquoi donc, au lieu de repousser l'accusation de Damis, la confirme-t-il en s'avouant coupable ? C'est qu'il juge ce raffinement de scélératesse nécessaire pour tromper Orgon. »

Perlet a raison, l'acteur appelé à jouer Tartuffe devra, dès son entrée en scène, prendre un maintien honnête et décent, et non pas l'attitude et la physionomie d'un cafard. Molière, dans sa *Préface*, dit « qu'il a employé deux actes à préparer la venue de son scélérat, qu'il ne tient pas un seul moment l'auditeur en balance, qu'on le connait d'abord aux marques qu'il lui a données ». Quel besoin peut donc avoir l'acteur, si l'auteur a si bien pris la précaution d'avertir le public du caractère réel de son personnage, de prendre un air sournois et de forcer la note ? « L'hypocrite et le dévot ont une même apparence, a dit l'auteur d'un pamphlet dirigé contre Molière, ce n'est qu'une même chose dans le public, il n'y a que l'intérieur qui les distingue » ; et si cet intérieur est bien connu du spectateur, mieux le comédien jouera la vraie dévotion, mieux il représentera l'hypocrisie. Les simagrées sont un moyen vulgaire, bon pour Laurent qui n'a ni la finesse ni l'esprit de son maître ; mais Tartuffe connaît mieux la mesure, et c'est à l'acteur de l'observer par des nuances diverses vis-à-vis de chacun des personnages à qui il a affaire : avec Orgon il peut prodiguer les soupirs, les grands élancements, puisque c'est par ce moyen qu'il a déjà séduit sa dupe et qu'il passe à ses yeux pour un saint homme, pour un homme tout en Dieu. Vis-à-vis de Cléante, il ne doit avoir de la tartufferie que ce qu'il faut pour ne pas compromettre le rôle qu'il joue ; mais n'aimant pas qu'on le *devine*, car dès qu'il se sent *deviné*, il prend un ton froid, composé, coupe court à l'entretien, et quitte la place. Auprès d'Elmire, son visage s'épanouit, sa voix devient onctueuse, passionnée, son hypocrisie cherche des grâces, c'est un tartuffe parfumé qui cherche à dérober ses ardeurs adultères sous le langage béat de la dévotion.

A quel emploi doit appartenir ce rôle difficile ? aux *premiers rôles* ou aux *premiers comiques ?* question dont, à tort ou à raison, on ne se préoccupe plus aujourd'hui, mais que l'ancien théâtre était bien forcé de résoudre, alors que tous les rôles du répertoire appartenaient aux comédiens, suivant l'emploi dans lequel ils avaient été reçus comme sociétaires. Ce droit rendait l'acteur maître absolu de tous ses rôles, nul autre que lui n'y pouvait toucher ; mais ce droit exclusif lui imposait aussi l'obligation de jouer les bons comme les mauvais, et l'ensemble des représentations profitait de ce règlement, quand le gentilhomme de la Chambre du Roy voulait bien s'acquitter de sa charge et tenir la main à son exécution.

C'est à Du Croisy que Molière avait confié Tartuffe, et tout donne à croire, par les rôles qu'il a joués, que son emploi était celui des *Comiques*. Du Croisy était un bel homme, fort gras, répondant bien physiquement au portrait que Molière fait du personnage :

> Gros et gras, le teint frais, et la bouche vermeille.

Mais son extérieur n'aurait pas suffi sans doute pour déterminer Molière à lui confier ce maître-rôle, si son talent ne lui eût donné la certitude qu'il le jouerait bien. Du Croisy justifia sa confiance, et, lorsque à la réunion des deux troupes de l'Hôtel de Bourgogne et du Théâtre Guénégaud, le duc de Créquy, exécuteur des ordres du Roi, voulut l'éliminer de la nouvelle société, ses camarades firent valoir pour l'y maintenir l'opinion que Molière avait eue de lui, et le succès qu'il avait obtenu dans le rôle de Tartuffe. On fit droit à leur réclamation.

Après Du Croisy, le rôle resta classé dans l'emploi des premiers comiques, et, je dois le dire, il perdit beaucoup dans leurs mains. L'emploi des premiers comiques ne se composait pas exclusivement, comme son titre pourrait le donner à croire, de rôle gais ; les coquins, les fripons, les traitres même étaient de son domaine, et c'est à ce titre que Préville jouait Stukély dans *Beverley*. L'avantage de jouer Tartuffe était acheté, on le voit, par l'obligation de représenter une foule de rôles ingrats et déplaisants. Aujourd'hui, la situation du premier comique est grandement modifiée : c'est un premier rôle de tous les âges, il doit avoir un talent flexible se ployant à tous les caractères, à toutes les passions, pouvant tout jouer, sauf les rôles qui exigent absolument la beauté des traits et le charme de la personne. C'est le partage qui lui a été fait depuis à peu près cinquante ans; mais au siècle passé il n'en était pas ainsi, l'emploi des *premiers comiques* s'appelait aussi l'emploi des *valets*, et la garde-robe des acteurs qui tenaient cette sorte de rôles se bornait presque à des habits de livrée. Aussi l'habitude de jouer chaque soir Dave, Hector ou Crispin, avait rétréci le talent des comédiens, circonscrit leur horizon; leur unique tâche étant de faire rire, Tartuffe fut joué comme *valet*, et, peu à peu, ce grand rôle ne fut plus qu'un sournois plaisant et cynique dont les charges et les paillardises égayaient le public.

Cette grossière interprétation du rôle devint la tradition, et Augé, grand, beau, bien fait, très aisé dans son jeu, au dire d'un contemporain, d'une gaieté un peu basse, naturel et inexact dans son débit, estropiant les vers, Augé s'y conforma en l'exagérant encore. Il a laissé dans le rôle un long souvenir de succès. Aujourd'hui, je le crois, il y aurait beaucoup à en rabattre.

Avec des regards lubriques, des gestes à l'avenant, il forçait Elmire en plein théâtre à subir des grossièretés qu'il serait répugnant d'indiquer. Dans la scène de la déclaration du IIIe acte, il cachait ses pieds sous les jupes de Mme Préville, lui serrait les doigts, lui pressait le genou, et cela avec des attouchements si impudents, qu'exaspérée elle lui dit un jour, de façon à être entendue d'une partie de l'orchestre: « Si nous n'étions pas en scène, quel soufflet je vous appliquerais! »

Tel est pourtant l'empire de la tradition et des opinions acceptées, que Grimod de la Reynière, un juge qui compte au théâtre, après avoir vu jouer successivement le rôle de Tartuffe par Vanhove (père noble), par La Rochelle (comique), par Molé et Fleury (premiers rôles), déclare que, pour lui, aucun de ces éminents comédiens ne lui a fait oublier Augé. Mais à son jugement il est bon d'opposer celui de Préville, qui mérite assurément plus de confiance.

On a une lettre de ce grand comédien, qui ne se recommande peut-être pas par le style, mais où se trouve une critique très sensée du jeu de son camarade applaudi, et où il indique, très judicieusement, sa façon de comprendre et de jouer le rôle de Tartuffe. Je n'en reproduis que ce qu'il est utile de connaître :

Tartuffe, dit-il, est un rôle de mon emploi (celui des comiques) ; j'ai cependant refusé de le jouer, et voici les raisons que j'ai données de mon refus : de tous les rôles de la comédie, Tartuffe est celui qui me semble présenter le plus de difficultés. La première, qui n'est pas la moindre, c'est l'opinion que le public se fait du rôle, pour lequel il veut une figure, une voix, une certaine faculté de jouer de l'œil ; la seconde, et la plus forte, c'est de le jouer comme Molière l'a fait.

Or, ajoute Préville, c'est là une entreprise que le public n'encouragera pas, car le public d'aujourd'hui *veut être amusé* par Tartuffe, et je le crois plus fait pour gêner que pour réjouir le cœur... C'est l'esprit de l'auteur qui doit exciter la gaîté, et non la paillardise du comédien ; la charge des mots est un travail chez l'acteur qui ne peut qu'altérer la valeur du caractère... Le spectateur peut être amusé par des situations comiques en elles-mêmes, mais le comédien doit les jouer avec sincérité, et ne pas en forcer la plaisanterie.

C'est dire clairement qu'Augé force le ton du personnage, et que ramener le public à la note juste est une tentative impossible. Ce n'est pas l'extérieur physique du rôle, en supposant qu'il lui manquât, qui pourrait arrêter Préville ; il n'en dédaigne pas l'importance, mais il fait bon marché de sa nécessité :

On prétend, dit-il, qu'il faut avoir une figure qui prête au rôle : *on a toujours une figure quand on a une âme.*

Pensée remarquable de ce grand comédien, qui indique ainsi de quels prodiges d'illusion il croit le talent capable.

Tartuffe est un homme engraissé chez Orgon... Il est choyé, rien ne lui manque... Molière ne dit-il pas qu'il est gros et gras, qu'il a le teint frais, l'oreille rouge et la bouche vermeille ? Donc, dit toujours Préville, un garçon rubicond sera pour le rôle d'un bel effet ; mais si à cette *corporence* (sic) il ne joint pas la qualité de bon acteur, le public ne travaillerait-il pas contre son plaisir en ne se contentant pas d'un comédien maigre et fluet, qui jouerait avec l'esprit, le sentiment et la passion du rôle ? En avoir le tempérament est préférable à n'en avoir que le physique.

Ainsi Préville, complétement d'accord avec Perlet, ne veut

pas que Tartuffe, à l'exemple d'Augé, abuse du jeu muet ; les grimaces et les clins d'œil répétés lui semblent dangereux, il pense que l'immobilité relative lui serait préférable. Enfin Préville demande que le comédien soit habillé, comme Molière a voulu qu'il le fût, en homme du monde, et non en ecclésiastique, comme le costumait Augé ; il trouve, avec raison, ce costume absurde ; comment supposer qu'Orgon veut faire épouser sa fille par un homme que des vœux religieux ont enchaîné au célibat ?

Au reste, du vivant de Grimod de la Reynière, et dans le recueil même où il écrivait, *le Journal des Théâtres*, la critique théâtrale qui commençait à poindre éclairait le public et les comédiens sur l'interprétation grossière et fautive donnée au rôle de Tartuffe :

> Pourquoi, écrit *un amateur* au directeur du *Journal* (1777, t. II, p. 68), pourquoi le sieur Augé, au lieu de contraindre ses yeux comme un véritable hypocrite, affecte-t-il de lancer sur Elmire et sur Dorine des regards de satyre effronté, qui seuls devraient les exciter à le fuir d'abord, et qui détruisent toute illusion ?... Mais cela divertit le parterre *qui rit comme un fou.*

Ce rire, incessamment reproché au public et aux comédiens qui le provoquaient, finit par faire accuser ceux-ci de dénaturer le caractère du rôle ; on trouva les *comiques* trop comiques, et il y eut dans l'opinion et dans la presse une sorte de prise d'armes pour leur enlever le rôle et le faire distribuer aux *premiers rôles ;* ceux-ci, disait-on, sauraient seuls rendre au personnage sa physionomie véritable et sa grandeur.

Vanhove, Naudet, acteurs émérites qui tenaient l'emploi des premiers rôles marqués, furent ceux qui, d'abord, se chargèrent de la transformation ; puis vint le tour de Molé, de Fleury, de Baptiste aîné, c'est-à-dire des comédiens de premier rang, ceux que l'on considérait à la Comédie-Française comme les maîtres du goût et de la science dramatique. Chose étrange ! à part Baptiste aîné, dont le jeu se rapprochait, avec plus de mesure toutefois, de l'ancienne interprétation, ces grands acteurs échouèrent à peu près dans leur tentative ; il y eut un revirement, le rôle ne semblait pas avoir gagné à un échange d'interprètes, et même pour certains, il y avait perdu. Ce fut du moins l'avis d'un écrivain expert en matière théâtrale, Martainville, qui, dans le *Journal de Paris* du 12 octobre 1812, proteste contre cette évolution :

> Comment se fait-il que le rôle de Tartuffe, dit-il, créé par Du Croisy, le comique de la troupe de Molière, joué ensuite par tous les valets qui lui ont succédé, entre autres par Deschamps[1] et Augé, qui s'y sont éminemment distingués, soit parvenu à tenter les hautes puissances de la Comédie ? Serait-ce la qualité de gentilhomme, qu'Orgon dans son fol engouement a donné à Tartuffe, qui a fait croire au premier emploi que ce rôle lui appartenait ? Cette raison serait pitoyable ; n'est-il pas évident que Tartuffe est un gueux fieffé, gueux par le caractère, et gueux par les actions ? Ne sent-on pas que ce personnage a besoin de formes comiques, très comiques, souvent même exagérées, pour affaiblir l'horreur qu'il inspire ? Alors quel besoin que nos marquis, nos comtes, nos chevaliers se chargent d'un rôle pareil ? Molé, le héros de la chevalerie dramatique, céda comme un autre à la tentation ; mais la noblesse et le bon ton étaient, pour ainsi dire, tellement incrustés dans son jeu, et dans toute sa personne, qu'il ne put jamais descendre à la bassesse du personnage. Fleury et Baptiste, doués apparemment d'un talent plus flexible, se sont mieux pliés à cette mascarade ; et Damas, qui l'a entrepris après eux, est encore loin d'y produire tout l'effet qu'on attendait de lui. Nous le lui avons déjà dit une fois : nous craignons qu'il ne raisonne trop ce rôle ; il veut y être savant et profond ; ce n'est pas là l'intention du fondateur. Tartuffe n'est déjà que trop repoussant par ses actions ; s'il joint à son caractère affreux la gravité de l'expression, qui voudra consentir à l'entendre ? Molière savait mieux que personne qu'un méchant doit faire rire pour être supporté ; et c'est pour cela qu'il a semé ce rôle de mots de caractère, d'expressions paté-

---

[1] Sociétaire du Théâtre-Français de 1742 à 1754. « Il paraît, dit Lemazurier, qu'il jouait avec succès le rôle de Tartuffe, mais dans un genre assez différent de celui qu'Augé et Feulie adoptèrent dans la suite. »

lines et d'élans d'hypocrisie propres à divertir le spectateur. Damas connaît trop bien son art pour ne pas sentir la justesse de ces réflexions, et pour n'en pas profiter. Les talents comme le sien n'ont besoin que d'être avertis.

Cependant l'envie de faire rire ne doit pas sortir des bornes de la décence, et c'est les passer trop crûment que d'affecter, dès le début de la belle scène du troisième acte, d'approcher son fauteuil si près de celui d'Elmire qu'elle devrait être choquée de cette familiarité, et renoncer au dessein de parler assise. Cette affectation n'est pas seulement de mauvais goût, elle est encore en contradiction avec le caractère de l'hypocrite; n'annonce-t-elle pas trop tôt les vues d'un scélérat qui n'est habitué à ne les dévoiler que par degrés? Cela est si vrai que, dans la première édition des œuvres de Molière, on ne trouve qu'après le trente-cinquième vers de la scène, cette note de lui : « *Ici Tartuffe se rapproche d'Elmire et met la main sur son genou. Elmire recule son fauteuil, Tartuffe se rapproche d'elle sous prétexte d'admirer sa dentelle.* » Après ce jeu Elmire doit tenir Tartuffe dans un éloignement respectueux, et ne pas souffrir que sa robe couvre, pendant la déclaration, les genoux du cagot; elle doit bien moins supporter que *l'haleine* et les soupirs d'un tel homme viennent *frapper* son oreille à bout portant. Voilà ce qu'un peu plus de respect pour les auteurs et pour leurs instructions ferait apercevoir aux comédiens, si ces messieurs daignaient les consulter.

J'ai le triste avantage d'avoir beaucoup vu jouer Tartuffe à Damas, et je puis assurer que ce n'est pas lui qui eût pu encourir le reproche que Martainville adresse à Molé sur *la noblesse et le bon ton incrustés dans son jeu et dans sa personne.* Jamais Damas n'a mérité qu'on lui reprochât la distinction. C'était un homme ramassé, de taille moyenne, la tête penchée sur de larges et rondes épaules, un menton de galoche, le nez retroussé, et le visage enflammé; avec cela, la jambe fort belle, le mollet prononcé et bien attaché; tout en lui, enfin, respirait l'énergie, la vigueur, le tempérament; extérieurement, il me semble impossible de mieux personnifier Tartuffe, et si, en 1812, Martainville nous apprend qu'il *ne produisait pas dans ce rôle tout l'effet qu'on attendait de lui,* je puis assurer que de 1822 à 1825, devenu maître du rôle, il en produisait un très grand et très mérité ; Charles Maurice, un de ses ennemis, convient « qu'à la scène de la déclaration, bien que d'une hardiesse un peu brutale, il donnait à la concupiscence de Tartuffe un empressement bien étudié, et une vérité bien comprise ». Comme le dit Martainville, il était savant et profond, mais il n'y avait plus de surcharge dans son jeu, et c'est par un art infini, sans affectation, et avec un rare bonheur d'intentions et d'inflexions qu'il rendait la grimace religieuse, l'onction, l'ardeur concentrée, et tout ce qui constitue la sainte industrie de l'hypocrite.

« Damas, — dit *la Pandore* du 1er décembre 1823 en annonçant que le comité du Théâtre-Français venait de classer d'une façon indivise le rôle de Tartuffe dans l'emploi des premiers rôles, — Damas a justifié cette décision par les preuves de talent qu'il vient de donner dans le rôle de Tartuffe. D'abord froid, réservé (scène du IVe acte), son attitude, ses gestes, ses traits, annonçaient bien l'hypocrite retenue d'un bigot amoureux qui se tient sur ses gardes. Toutes les nuances de cette réserve à la surprise, de la surprise à l'espoir, et de l'espoir à l'imprudence impétueuse d'une ardeur adultère, ont été saisis et rendus par l'acteur avec beaucoup d'habileté. »

Mais de la critique de Martainville, comme de la lettre de Préville, on doit tirer cette conséquence : que, dans ce rôle redoutable, le comédien est en face d'une double difficulté, et qu'il doit chercher à éviter deux reproches : la charge, s'il joue les *Comiques*, le manque d'accent, s'il est un *Premier rôle* : c'est entre ces deux écueils que son goût doit le tenir. S'il se pénètre bien de la pensée de Molière, selon le conseil de Martainville (inexact pourtant, je le dis en passant, quand il s'autorise de prétendues indications de l'auteur), il comprendra d'abord que ce n'est pas assurément un homme bien distingué de manières, celui qui s'abandonne à sa gloutonnerie devant l'objet aimé :

> ... Il soupa, lui tout seul devant elle,
> Et fort dévotement il mangea deux perdrix
> Avec une moitié de gigot en hachis.

Celui, qui, pour s'ouvrir l'appétit,

> Boit à son déjeuner quatre grands coups de vin !

Celui enfin qui, à la table de son hôte, se permet les incongruités que signale Dorine.

Celui-là ne peut pas avoir sans doute les façons d'un homme bien élevé, ni l'élégance d'un gentilhomme : mais le comédien doit bien se garder aussi des grossièretés et des lazzis, prétendus traditionnels, qui pendant trop longtemps ont dénaturé et souillé ce beau rôle. Joué de la sorte, Tartuffe ne saurait abuser personne, puisque chacun doit être tenu en défiance par ses sournoiseries affectées, son cynisme et ses paillardises. Les regards en dessous sont absolument inutiles ; Molière n'a pas mis un seul *a parte* dans la bouche de son personnage ; c'est une *leçon* pour le comédien, qui tiendra compte du conseil de Préville, à savoir que « si le spectateur peut être amusé par des situations comiques en elles-mêmes, le comédien doit les jouer avec sincérité, et ne pas en forcer la plaisanterie ».

En un mot, il ne doit ni rouler les yeux, ni faire de grimaces, ni alourdir sa prononciation ; il faut qu'il soit tour à tour humble, onctueux, contrit, ardent, et, ce qui est plus difficile mais cependant nécessaire, presque lascif, impudent et audacieux, sans jamais outrer aucune de ces intentions, se rappelant que le rire que doit exciter Tartuffe ne saurait être le rire de la farce, mais celui de la haute, et de la très haute comédie.

En dehors des acteurs que j'ai cités dans cette note et qui se sont fait plus ou moins remarquer dans le rôle de Tartuffe, il faut citer Michelot, qui ne fit pourtant pas de Tartuffe son meilleur rôle ; Cartigny, très beau d'aspect, très médiocre comme jeu ; Firmin, qui étonna par l'excellence et la profondeur de son jeu dans un rôle auquel son passé de *Jeune Premier* semblait l'avoir si peu préparé ; enfin Geffroy, qui compte le rôle de Tartuffe parmi ceux où il a laissé de si honorables souvenirs.

ELMIRE

Le rôle d'Elmire est assurément dans l'emploi des *Premiers rôles* un de ceux qui offrent le plus de difficultés. Ces difficultés tiennent en partie à ce que la critique se montre presque toujours partagée sur la façon de le représenter. Les uns voient dans l'épouse d'Orgon une femme jeune, aimable, spirituelle, ayant du penchant pour le monde et ses réunions, parfaitement honnête, mais dont l'honneur, comme elle le dit, n'est point armé de griffes et de dents, ni la vertu « diablesse », et qui sait allier à la grâce et au charme de la jeunesse la mesure, le tact et le digne maintien d'une belle-mère.

Les autres demandent qu'à son honnêteté, Elmire joigne de la coquetterie, que ses manières de femme au courant de bien des choses, indiquent aussi une personne dont on ne scandalise pas facilement la pudeur, de telle façon que Tartuffe puisse s'y méprendre, et ne craigne point, dans ses emportements, de trouver farouche une vertu qui paraît si libre et si gaie.

On comprend que l'actrice forcée de jouer son rôle dans l'une ou l'autre de ces deux façons de le concevoir, mécontente, à coup sûr, quel que soit son talent, les partisans de l'opinion qu'elle n'a pas adoptée ; aussi l'effet qu'elle produit ne l'indemnise-t-il pas toujours de la peine que lui a coûtée son étude.

Il y a lieu, à mon sens, de s'étonner de cette diversité des opinions, alors qu'il existe pour ce rôle d'Elmire un document qui en donne la leçon véritable, et que ce document, contemporain de la première représentation de la pièce, indique, sans contestation possible, de quelle façon, sous les yeux de Molière même, il fut interprété par l'actrice qui l'a créé.

Je veux parler de la *Lettre sur l'Imposteur*, qui parut le 27 août 1667, quinze jours après l'interdiction de la pièce par le premier président Lamoignon, et beaucoup de littérateurs ont pensé que Molière lui-même pouvait bien en être l'auteur.

Cette lettre, dit M. Étienne (*Notice sur le Tartuffe*, Panckouke, 1824), est une analyse raisonnée et écrite de mémoire par un spectateur qui avait assisté à l'unique représentation de l'ouvrage; la fidélité de l'extrait, l'enchaînement exact des scènes, les citations des passages les plus remarquables, et même des vers les plus heureux, l'apologie fine et mesurée de la moralité de la pièce, la raison supérieure, le tact sûr, le goût exquis dont cette production est empreinte, tout, jusqu'à l'impartialité bienveillante qui la distingue, ont dû faire penser que Molière seul avait pu si bien se connaître, se défendre et se juger. »

Que ce ne soit là qu'une présomption, que la Lettre ait été écrite par lui, ou seulement, comme d'autres le croient, par quelqu'un de ses amis, il est certain qu'elle constitue, au point de vue de l'interprétation de *Tartuffe*, un renseignement précieux et authentique. A-t-il été suffisamment interrogé ? Je ne le pense pas ; car si on le consulte avec attention, on verra qu'il indique d'une façon un peu sommaire peut-être, mais cependant très précise, le caractère du rôle d'Elmire, tel que Molière a entendu qu'il fût produit, puisque, cela est sûr, c'est ainsi qu'il a voulu qu'il fût interprété devant lui.

La Lettre se compose, dit celui qui l'a écrite, de deux parties : la première est une relation de la représentation de l'*Imposteur*, et la dernière consiste en deux réflexions sur cette comédie...

La première est UNE RELATION FIDÈLE DE LA CHOSE.

Donc l'actrice qui sera chargée du rôle d'Elmire ne saura mieux faire, pour le bien jouer, que de consulter *cette relation fidèle* qui contient la pensée du maître. Si on lui conseille, — on l'a conseillé à d'autres, — « de mettre dans son rôle de la coquetterie, de montrer une Elmire qui méprise son mari, et n'a de goût, selon les reproches de Mme Pernelle, que pour les plaisirs du monde, les compliments et la toilette », elle rejettera ces conseils, et fera lire à ceux qui les lui donneront ces lignes de l'auteur de la Lettre (page 534, édition Hachette des *Grands écrivains*, t. IV) : « Le caractère d'Elmire, tel qu'il le faut pour la suite (de l'ouvrage) est *celui d'une femme de bien qui connaît parfaitement ses devoirs et y satisfait jusqu'au scrupule.* »

Si on essaie de lui persuader qu'Elmire aime à s'entendre conter des douceurs, et écoute avec une certaine curiosité féminine la déclaration de Tartuffe, elle répondra, la lettre à la main (page 540) « que, lorsque Tartuffe se met à conter fleurette à Elmire en termes de dévotion mystique, cela la surprend *terriblement*, et *il lui semble étrange que cet homme la cajole* ».

Quant aux attouchements libertins et à la déclaration d'amour de Tartuffe, si on lui demande « de ne point s'en montrer scandalisée, de n'y opposer que de la compassion, et d'y répondre sans colère, sans orgueil de pudeur offensée, et presque avec une malice souriante », elle se gardera de suivre ces conseils, puisque la lettre (p. 542) lui aura appris qu'à la première représentation de la pièce, lorsque l'acteur a promené sa main sur le genou d'Elmire, celle-ci s'est montrée « *confuse* » ; et que « lorsqu'il s'est attaqué à son collet dont le point lui semble admirable, qu'il y a porté la main comme pour le manier et le considérer de plus près, elle l'a repoussée, *plus honteuse que lui* ».

Enfin au quatrième acte, l'actrice remarquera que l'auteur de la lettre accentue en termes de plus en plus précis le caractère d'Elmire : « Elle doit, dit-il, après avoir démasqué Tartuffe, *conserver le caractère d'honnêteté qu'elle a fait voir jusqu'ici*, en demandant en quelque sorte pardon au bigot, et en s'excusant sur la nécessité. »

Si écourtées que soient ces indications, elles suffisent, je crois, à éclairer le rôle d'Elmire, et il me semble impossible, après en avoir pris connaissance, de rester en doute sur le caractère que Molière a voulu lui donner. Elmire, décente comme la vertu, sage comme la raison, aime l'esprit, les conversations, les réunions, et se plaît à voir un monde supérieur à celui que recevait la première femme d'Orgon; Mme Pernelle s'en scandalise : « *et leur défunte mère en usait beaucoup mieux* », dit-elle; mais cette défunte mère qui n'attirait pas, il est vrai, la Cour chez elle, n'aurait pas su, comme Elmire, fiancer Mariane à un homme haut placé tel que Valère. Que Mme Pernelle reproche encore à sa bru d'être *dépensière* et d'*aller vêtue ainsi qu'une princesse*, devons-nous la croire? Ne sait-on pas que le goût et l'élégance ont toujours été des crimes aux yeux d'une bigote? Si ses caquetages étaient paroles d'Evangile, il faudrait donc les tenir pour des vérités quand elle accuse Mariane d'être une hypocrite qui cache sous une tenue *discrète* et *doucette* du dévergondage précoce, et que l'innocente mène *sous chape* un train scandaleux. Elle n'épargne personne, Mme Pernelle; et Cléante, dont le caractère est la garantie de la vertu de sa sœur, Cléante n'est pour elle qu'un corrupteur qui

> ... *prêche des maximes de vivre,*
> *Qui par d'honnêtes gens ne se doivent point suivre.*

Pour Mme Pernelle, il n'y a dans la maison de son fils qu'*un seul homme de bien*, Tartuffe !

Si l'attrait qu'inspire Elmire l'expose à recevoir de sottes ou d'inconvenantes déclarations, *son humeur la porte*, Molière le lui fait dire, *à ne point faire d'éclats*; elle est raisonnable, et sa raison n'est pas sévère, *c'est avec douceur qu'elle se montre sage*; elle sait qu'*une discrète froideur* suffit pour *rebuter* un cœur amoureux, et *si sa vertu n'est pas diablesse, elle n'en connait pas moins ses devoirs et y satisfait jusqu'au scrupule.*

Remarquons en outre qu'Elmire, non moins irréprochable comme épouse que comme belle-mère, a su se concilier l'affection et les respects des enfants de son mari : « *Elle est d'une humeur douce,* » dit Damis;

Pour mon fripon de fils je sais vos complaisances,

dit Orgon ; c'est en elle seule que Dorine, l'emportée Dorine a confiance pour protéger Mariane ; c'est pour Mariane qu'Elmire sera coquette une fois en sa vie, et non pour s'amuser de l'amour de Tartuffe; elle a un devoir maternel à remplir, elle ne l'oublie pas, et elle sauve Mariane.

Donc, à mon sens, le rôle d'Elmire n'a point du tout les dessous qu'on lui prête. Molière en a tracé clairement le caractère, et il demande à être joué comme la *Lettre sur l'Imposteur* et les propres indications de sa pièce prouvent qu'il l'a fait jouer sous ses yeux. C'est, en tout cas, la tradition d'Armande Béjart, créatrice du rôle, qu'en 1776 observait encore Mme Préville, excellente comédienne, très digne du nom que son mari a illustré. Mais si à cette date 1776, le *Journal des Théâtres* fait un très bel éloge de sa façon de comprendre et de jouer Elmire, je dois constater que jusqu'à elle, nul document, à ma connaissance, n'avait encore parlé, soit en bien, soit en mal, d'aucune actrice dans ce rôle.

Mme Préville fit une élève, Mlle Contat, qui, si j'en crois ce qui se disait jadis, semble s'être écartée du ton tout à la fois aimable et contenu dans son enjouement qu'elle donnait à Elmire. Chose singulière, Mlle Mars, élève à son tour de Mlle Contat, s'est beaucoup moins appliquée à suivre dans ce rôle les conseils de son maître qu'à rappeler ceux que ce maître avait reçus de Mme Préville.

Et, à ce propos, une courte page d'histoire théâtrale, que j'emprunte aux *Salons célèbres* de Mme Sophie Gay [1], me servira pour compléter ce qui me reste à dire sur la diverse interprétation du rôle d'Elmire :

... Mlle Contat avait loué le château d'Ivry près Paris; Mme d'Hautecourt, autrefois propriétaire du château, y avait fait bâtir une jolie salle de comédie, que Mme de Parny (Mlle Contat) voulut employer à préparer les débuts dramatiques de sa fille.

. . . .

... La représentation fut fixée au jour de la fête de *Louise* Contat. On choisit, comme de raison, le chef-d'œuvre de Molière, et les plus grands talents de la Comédie s'offrirent pour seconder le début de la jeune Amalric. Mais, par un calcul fort bien entendu, sa mère voulut mêler des amateurs spirituels à des professeurs si imposants, et elle distribua les rôles de manière à ce que chacun débutât dans le sien. C'était dérouter les supériorités de la troupe, et assurer à la jeune débutante un avantage marqué sur les talents de société chargés des rôles principaux.

L'auteur du *Séducteur amoureux*, de *Ma tante Aurore*, et de plusieurs ouvrages pleins d'esprit et de gaîté, M. de Longchamps, fut choisi pour représenter Tartuffe; Mlle Contat, pensant que l'homme qui lisait le mieux la comédie devait la jouer de même, confia le rôle de *Cléante* à M. Alissan de Chazet.

Voici comment les autres étaient distribués :

Mme PERNELLE	Mlle Contat.
ELMIRE	Mlle Mars.
DORINE	Amalric Contat.
ORGON	Fleury.
VALÈRE	Armand.
DAMIS	M. d'Ha.
MARIANNE	Mlle Fleury, fille de l'acteur.
M. LOYAL	Dazincourt.
FLIPOTE	Mlle Emilie Contat.

. . . .

Mlle Mars, si adorable dans les ingénues, ne s'était pas encore

---

[1] *Pages 119 et suivantes.*

montrée dans les rôles où Mlle Contat se faisait toujours applaudir ; passer subitement de *Victorine* à *Elmire*, c'était franchir un grand pas, et la perfection timide de Mlle Mars eût peut-être hésité longtemps à s'emparer du sceptre de la haute comédie, si Mlle Contat n'avait mis autant de grâce que de zèle à lui apprendre comment on règne sur un public éclairé.

... Pourtant, excepté dans la pureté de la diction, et dans cette prononciation correcte du bon français... les talents de Mlle Contat et de Mlle Mars n'offrent aucun rapport. L'une avait plus de verve, l'autre a plus de goût ; Mlle Contat commandait la scène... Mais si elle n'a pas été remplacée dans les rôles de *Célimène* et de *Suzanne*, elle a été surpassée de beaucoup par Mlle Mars dans la noble retenue d'*Elmire*.

... Jamais le bon goût, les manières pudiques de l'actrice n'ont mieux triomphé d'une situation scabreuse. Jamais l'odieux du caractère de Tartuffe n'a été plus frappant ; car nulle démarche inconséquente, nul regard agaçant, n'ont dû encourager ses propos corrupteurs ; jamais cette femme jeune, belle et honnête, n'a mérité l'insulte d'une pareille déclaration, et l'on se sent ému de pitié en voyant la torture que lui impose l'incrédulité de son mari. La gaîté grivoise du parterre, si bien provoquée par les paroles téméraires de Tartuffe et par la position ridicule d'Orgon, est comprimée par le chaste embarras d'Elmire. Qui serait assez barbare pour rire de son supplice ? Voilà ce que la nature et le talent de Mlle Mars lui rendent si facile à peindre.

J'ai beaucoup vu jouer le rôle d'Elmire à Mlle Mars, je l'ai beaucoup vu jouer aussi à Mlle Levert, deux actrices de très grand talent, quoique justement de très inégale renommée, et j'ai pu constater l'effet fort différent que produisait le rôle, selon qu'il était joué par Mlle Mars dans la tradition de Mme Préville, ou par Mlle Levert dans celle attribuée à tort, je le crois, à Mlle Contat.

La *gaîté grivoise* du parterre dont parle Mme Sophie Gay se donnait pleine licence avec Mlle Levert ; il applaudissait fort cette actrice, riche d'embonpoint et au verbe grasseyant, dans Mme Patin du *Chevalier à la mode* ; mais il semblait qu'Elmire était la continuation du rôle, tant Mme Patin déteignait sur elle. Pour Mlle Levert, l'honnête épouse d'Orgon n'était qu'une malicieuse soulignant ce qu'elle avait à dire, et se complaisant à des sous-entendus égrillards et à de gauloises équivoques dans les recommandations qu'elle adressait à son mari blotti sous la table.

Tout au contraire, Mlle Mars avait dans son jeu une chasteté naturelle dont elle n'aurait pu se défaire : « Le rôle d'Elmire est un tison sur lequel il faut savoir marcher, » a dit Méry; personne ne le sut mieux que Mlle Mars, et si quelques-uns de ses admirateurs ne l'ont pas tenue dans le rôle à la même hauteur que dans ses autres créations, je dois déclarer pour ma part que je l'y ai toujours trouvée parfaite. Cette perfection si rare, si vraie, qui fut le caractère de son talent, se manifestait d'une façon vraiment merveilleuse dans cette scène, travestie par Mlle Levert. L'extrême délicatesse de la situation où se trouvent placés Elmire et Orgon, entre l'indécence et le ridicule, était à peine aperçue par le public, tant Mlle Mars y mettait de décence et de dignité. Le parterre semblait vouloir étouffer les rires dont une autre actrice lui avait donné l'habitude; libertin, déréglé avec Mlle Levert, il redevenait décent et bien élevé avec Mlle Mars.

Et c'est parce que j'ai pu comparer les deux interprétations de ce rôle délicat, et en apprécier les effets, que je conseille aux jeunes comédiennes appelées à le jouer de se modeler sur l'interprétation de Mlle Mars.

Les conseils sur l'autre façon de jouer le rôle que j'ai vu donner dans divers feuilletons de ces dernières années, et que j'ai reproduits plus haut, le ton de coquetterie surtout qui s'y trouve recommandé, me semblent en complète contradiction avec l'esprit du rôle. Les manières libres et dégagées d'Elmire pourront sans doute, comme on croit cela nécessaire, abuser Tartuffe et lui inspirer des doutes sur la vertu de la femme qu'il convoite; mais elles peuvent aussi avoir l'inconvénient de tromper le public, et de le mettre sur une piste tout à fait fausse. C'est l'avis de La Harpe, qui voit un danger à donner au rôle cette couleur forcée : « Si le spectateur, dit-il, n'est pas bien convaincu de la vertu d'Elmire,... la situation la plus énergique où le génie de la comédie ait placé trois personnages à la fois, serait trop près de l'extrême indécence pour être supportée au théâtre [1]. »

A cette opinion de La Harpe, je joindrai pour conclure les lignes suivantes de M. Paul de Saint-Victor, que je recommande à l'attention de nos jeunes élèves :

> Elmire est une femme calme, mais non pas froide, elle est admirablement sensée, sage par caractère et par devoir ; elle est résignée sans effort au sot mari qui lui est échu. Elle sait tour à tour opposer une exquise froideur au fangeux amour de Tartuffe et le provoquer... Elle veut atteindre son but, la rupture du mariage de Mariane, elle sent qu'il faut que tout se passe sans bruit et sans scandale, elle pose le pied sur l'immonde reptile sans appuyer, elle ne daigne pas se mettre en colère, son mépris est doux à force d'être profond, et lorsque le misérable se débat dans le piège où il est tombé, elle s'excuse presque de l'avoir tendu, en femme bien élevée, et qui répugne aux mesures violentes.

Voilà, à mon sens, la véritable note du rôle d'Elmire, celle sur laquelle je conseille de se régler, parce qu'elle s'accorde avec celle donnée par Molière lui-même dans la *Lettre sur l'Imposteur*.

ORGON

Orgon n'a pas été toujours d'un caractère difficile et atrabilaire.

« Nos troubles l'avaient mis sur le pied d'homme sage, » nous dit Dorine ; mais sa dévotion étroite, outrée, et « son

---

[1] *Cours de littérature.*

aveugle attachement pour Tartuffe l'ont « hébété ». — « Le propre du travers religieux, a dit M. Nisard, c'est d'endurcir, de dessécher, de passionner ceux qui en sont atteints, et d'exaspérer ceux qui en souffrent[1]. » Orgon est à classer parmi les premiers, et Damis, Dorine, Elmire et Mariane font partie des seconds. C'est un détestable mari qu'Orgon : après deux jours d'absence il rentre dans sa maison où il a laissé sa femme malade ; et, à son retour, c'est de la santé et du bien-être du fourbe qu'il a recueilli qu'il s'inquiète d'abord. Père sans entrailles, il chasse de chez lui son fils, il le maudit, il le déshérite en faveur du misérable auquel il prétend, malgré ses supplications et ses pleurs, donner sa fille. Le rôle d'Orgon est donc celui d'un personnage crédule, entier, têtu et colère, et cependant l'acteur, en indiquant toutes ces nuances, ne doit les présenter que par leur côté comique ; de bonnes raisons appuieront, je crois, ma recommandation.

Deux écrivains éminents, Beyle-Stendhal, et M. J.-J. Weiss, ont prétendu, le premier : « Qu'on riait fort peu au *Tartuffe*, » le second, « que *Tartuffe* n'était amusant d'aucune manière. »

Je suis allé ce soir (4 décembre 1822) au *Tartuffe*, joué par Mlle Mars, dit Stendhal, pour éclaircir mes idées sur le comique... On a fort peu ri ; on a plusieurs fois souri et applaudi de plaisir, mais l'on n'a ri franchement qu'à deux endroits : 1° quand Orgon, parlant à sa fille Mariane de son mariage avec Tartuffe, découvre près de lui Dorine qui l'écoute ; 2° le second rire a, je crois, eu lieu dans la scène de brouille entre Valère et Mariane... Il reste donc constaté pour moi, par mon expérience de ce soir, que l'on rit fort peu au *Tartuffe* ; on n'a ri que deux fois, et encore le rire a été bientôt absorbé par l'intérêt sérieux.

Mais quoique le rire ne naisse que deux fois, Molière a sans cesse travaillé à donner un vernis de ridicule aux scènes du *Tartuffe* ; sans cette admirable précaution, il donnait dans e plus abominable odieux, et tout plaisir cessait à l'instant. Sa pièce n'était plus qu'un

---

[1] Nisard. *Histoire de la Littérature française.*

misérable drame, nous attristant sur un des mauvais côtés de la nature humaine [1].

Bien plus affirmatif encore que Stendhal, M. J.-J. Weiss assure que « l'*Avare* est, avec *Tartuffe*, le morceau de Molière le plus rude à faire passer. Ces deux comédies, dit-il, laissent le spectateur triste et en disposition désagréable ; n'était le parti pris d'école et presque de faction qu'on y met, on conviendrait que *Tartuffe* n'est amusant d'aucune manière. » A cette façon singulière d'envisager l'œuvre de Molière, j'opposerai l'opinion de Grimm — celle de Diderot peut-être, — qui se demande bien, lui aussi, « si le sujet de *Tartuffe* est comique, » mais qui ajoute tout aussitôt : « On y rit pourtant depuis le commencement jusqu'à la fin [2]. » J.-B. Rousseau, dans une lettre à M. de Chauvelin, garde des Sceaux, en 1731, constate le même fait : « Molière, dit-il, en présentant un hypocrite à ses spectateurs, a réussi, grâce à l'art admirable qu'il emploie, à faire disparaître en quelque sorte la noirceur du caractère, et à ne le faire voir que par le côté le plus risible. » On peut ne point partager complètement cette dernière opinion, mais la lettre de J.-B. Rousseau prouve du moins qu'à un peu plus de soixante ans de la première représentation de la pièce de Molière, on s'amusait, on riait à *Tartuffe*, il me semble utile de le rappeler.

J'assistais le 4 décembre 1822, j'ai pu m'en donner la preuve, à cette représentation de *Tartuffe* dont parle Stendhal ; ce soir-là ma mère jouait Mme Pernelle, je sortais du collège, je voyais *Tartuffe* pour la première fois, et Dieu sait avec quelle curiosité et quelle joie j'entendais ce chef-d'œuvre.

Or, pas plus à cette représentation qu'à aucune autre de celles que j'ai vues, ou de celles auxquelles j'ai moi-même

---

[1] Correspondance inédite de Beyle-Stendhal, t. Ier, p. 216 et suivantes. Publié par le *Moliériste* de janvier 1884, t. V, p. 297.

[2] *Correspondance littéraire*, t. VI, p. 442 de l'édit. Tourneux.

pris part comme comédien (à part Orgon, Damis et Valère, j'ai joué tous les autres rôles de *Tartuffe*, tant à Paris qu'en France et à l'étranger), nulle part je n'ai remarqué chez le public ces dispositions *froides, attristées, désobligeantes* dont parlent, à mon grand étonnement, Stendhal et M. Weiss; je l'ai toujours vu, au contraire, excité, passionné aux scènes dramatiques, rire aux éclats aux situations comiques de l'ouvrage. Ce double effet, tous les comédiens qui ont joué *Tartuffe* ont pu le constater comme moi, et je crois que je puis invoquer aussi le témoignage de tous les spectateurs qui l'ont vu. Est-ce m'aventurer beaucoup de prédire que si jamais *Tartuffe* est donné en spectacle gratis, ce qui, à ma connaissance, n'a pas encore été autorisé par aucun gouvernement, l'effet dominant de la représentation sera le rire; il est bien à désirer qu'on en fasse l'épreuve.

Tartuffe se joue partout, mais il s'en faut qu'il soit partout bien joué; et un soir, à l'Odéon, un acteur de beaucoup de talent, Fechter, commit l'erreur de le représenter comme un vrai mélodrame. *La Lettre sur l'imposteur* donne le ton de sa véritable interprétation; ce ton est celui de la comédie, il ne s'en écarte qu'un moment dans la scène terrible, shakespearienne, qui termine le quatrième acte; si Molière n'a pu rendre un hypocrite toujours comique par lui-même, il a du moins rendu comique tout ce qui l'entoure, et Orgon, en particulier, doit bien se garder, comme l'a dit Grimm, de tomber dans la dureté; sa crédulité, son entêtement, ses colères, sont celles d'un ensorcelé, et doivent amener des effets comiques; c'est sans doute pour lui conserver ces nuances que Molière, si puissant du côté du rire, se chargea du rôle, et qu'il confia à Du Croisy celui de Tartuffe.

Orgon, comme Arnolphe, appartient à l'acteur qui joue l'emploi des *manteaux*; le rôle demande de la force, de l'autorité, de la composition; une constante étude, beaucoup de réflexion, de travail et de temps, lui seront toujours nécessaires pour se rendre maître de ce personnage difficile.

MARIANE

Mariane est une jeune fille douce, timide, soumise à ses parents, et plus capable de prendre une résolution violente contre elle-même, que de résister à leurs propres volontés.

Mariane respecte autant son père qu'elle chérit son amant ; et elle est pressée entre ces deux sentiments qui se combattent.

Cette excellente indication du rôle de Mariane appartient à M. Auger, un des meilleurs commentateurs de Molière ; les jeunes actrices qui auront à le jouer ne sauront mieux faire que de s'en pénétrer, et d'apporter à leur jeu le charme et la grâce qu'il réclame. Quelque émouvante que soit au quatrième acte la situation où Mariane se jette en suppliante aux pieds de son père, rien dans sa voix ou dans ses gestes ne doit être violent et hors de mesure. La modestie et la retenue sont choses nécessaires dans les rôles d'amoureuses, et c'est principalement par les inflexions touchantes de la voix et par l'accent que la passion doit s'y produire.

DORINE

Ce rôle présente tout d'abord une difficulté provenant de la transposition que Molière a faite, dans la première scène de son premier acte, de deux couplets retirés du rôle de Cléante, et qu'il a placés dans celui de Dorine. (Voir *la Lettre sur la comédie de l'Imposteur.*) Le ton moralisateur de ces deux couplets donne, dès le début, au rôle de Dorine une physionomie qui cadre difficilement avec le reste du rôle. Que l'actrice s'attache donc à trouver la teinte qui fondra les deux nuances ;

c'est, je le crois, par un mélange de franchise et de finesse, et par des touches également réparties qu'elle parviendra à donner à sa première scène, et à celle qui suit avec Orgon, l'uniformité de ton et de langage que réclament l'équilibre et la vérité de son personnage.

C'est Madeleine Béjart qui a créé le rôle de Dorine ; elle est morte en 1672, et à l'époque où *Tartuffe* fut joué, c'était une femme sur le retour ; Racine lui avait confié le rôle de Jocaste dans la *Thébaïde* ; car à l'emploi des soubrettes dans la comédie, elle joignait dans la tragédie celui des *Reines* ; le rôle impérieux et décidé de Dorine pouvait convenir à une comédienne tenant ces deux emplois, laquelle — autre condition de ce beau rôle — était une comédienne de beaucoup d'esprit.

Mme Beauval, autre actrice d'un talent réel, *forte en gueule*, si nous nous en rapportons au prologue des *Folies amoureuses*, où Regnard, qui la connaissait bien, l'a mise en scène sous son nom et sous son véritable caractère, Mlle Beauval hérita du rôle, qui successivement a passé aux mains de Mlles Desmares, Dangeville, Deshayes, Quinault, Bellecour, Joly, Devienne, Demerson, Augustine Brohan, pour ne parler que de celles qui y ont laissé de beaux souvenirs. C'est à propos de l'une d'elles, de Mme Bellecour, que Grimod de la Reynière, un critique de théâtre que les comédiens ne sauront jamais trop consulter, a écrit dans le *Journal des Théâtres* du 1er juin 1777 une critique que je reproduirai en partie, cette critique, plus ou moins fondée, pouvant être un enseignement pour les actrices qui ont à jouer Dorine [1].

Pourquoi Mme Bellecour, dit-il, semble-t-elle faire deux rôles de celui de Dorine ? Il est évident qu'elle n'est pas la même au premier acte que dans les suivants. Dans les quatre derniers actes, elle a

---

[1] Grimod de La Reynière a encore publié, en 1797, un journal *le Censeur dramatique*, supprimé par le Directoire, et que tous les comédiens doivent chercher à connaître.

toute la rondeur d'une gouvernante franche et spirituelle; dans le premier, elle montre une intention affectée de faire de l'esprit, elle *pindarise* les mots, elle étudie ses expressions, ce travail la rend froide dans toute la première scène, et lui donne plutôt l'air d'une femme du monde avec de grandes prétentions à l'esprit, d'une précieuse ridicule même, que celui qui convient à son personnage, et qu'elle saisit avec tant de justesse dans toute la suite de la pièce. Cette actrice est moins faite qu'une autre pour tomber dans une faute comme celle-là; et ce n'est pas pour elle que sont nécessaires les ressources usées d'une prétendue finesse aussi fausse que froide. Les mignardises et les mines sont le fait de petits talents; et par cette raison, Mme Bellecour devrait s'en abstenir. Elle possède le don inestimable de rendre les *choses*, elle doit laisser les autres jouer le *mot*. Je sais bien que Molière, en donnant peut-être au premier acte beaucoup trop d'esprit à Dorine, justifie toute actrice qui se laissera entraîner par le charme de ces morceaux de détail; mais la marque la plus certaine du vrai talent dans un comédien, c'est de couvrir par la perfection de son jeu les défauts légers de l'auteur dont il représente l'ouvrage. Peut-être est-il fort difficile de donner au premier acte du rôle de Dorine le ton naturel et vrai qui le caractérise dans les actes suivants; mais Mme Bellecour est trop comédienne pour ne pas vaincre cette difficulté, et c'est parce que j'ai toujours reconnu qu'elle avait une intelligence très étendue que j'ai pesé sur cette observation que je crois juste, et dont je serais bien jaloux de lui voir faire quelque cas.

S'il est vrai, comme le dit excellemment Grimod de la Reynière, qu'il vaut bien mieux pour le comédien s'attacher au sentiment général de son rôle qu'à en jouer le mot, il ne faut pas cependant que l'actrice qui aura à jouer Dorine oublie que la finesse peut s'allier au bon sens, qu'on peut avoir de l'esprit sans en affecter la prétention, et qu'elle doit prendre garde, si elle suivait trop à la lettre les observations que je viens de reproduire, d'enlever à Dorine l'esprit franc que Molière lui a donné.

Diderot a dit du premier couplet de Dorine au premier acte :

Daphné, notre voisine, et son petit époux, etc.

« Je ne croirai jamais que c'est une servante qui parle. »

Aussi n'est-ce pas dans la bouche d'une servante, mais d'une *suivante* (voir l'indication des personnages), que Molière a mis les vers qu'il faisait dire d'abord à Cléante, et qu'il n'a pas voulu perdre. M. Ch.-L. Livet, dans son édition de *Tartuffe*, a bien précisé la différence qui existait entre les deux conditions. La suivante était une sorte de demoiselle de compagnie, payée comme une servante, vivant sur un pied d'égalité dans la maison, et vêtue comme sa maîtresse qu'elle accompagnait. Un de nos meilleurs écrivains dramatiques, Picard, avait parfaitement compris le rôle de Dorine, et c'est ce que nous apprend M. Charles Magnin, dans cet article du *Globe* du 10 janvier 1829 :

> Nous avons appris des amis de Picard une particularité curieuse sur sa manière de composer. Il avait coutume d'écrire, sous forme de roman, et comme préparation, l'histoire des principaux personnages de ses pièces. Il les prenait à leur naissance, et les conduisait jusqu'au moment où il devait les mettre en scène. Nous avons vu le manuscrit d'un de ces romans préparatoires. Il avait pris tellement cette habitude que, quand il voulait se rendre compte des beautés de nos chefs-d'œuvre dramatiques, ou les faire sentir à d'autres, il suivait le même procédé. Combien de fois ne l'a-t-on pas entendu faire l'histoire de tous les personnages du *Misanthrope* et du *Tartuffe!* Dorine, par exemple, était, disait-il, une vieille domestique qui avait rendu à son maître, pendant la Fronde, de très grands services, que lui, M. Picard, connaissait. Il racontait comment, par son bon sens, elle l'avait tiré de plusieurs mauvais pas ; c'était elle, sans aucun doute, qui avait élevé la petite Mariane. Aussi n'avait-elle aucune crainte d'être renvoyée de la maison : de là son franc parler, qui, sans cela, eût été de l'impertinence.

Cette ingénieuse explication doit, à mon avis, être acceptée par toutes les actrices qui joueront Dorine, elle justifie cette brave fille du reproche que lui adresse Mme Pernelle « de se mêler de donner son avis sur tout ». Comment expliquer autrement son langage dru et hardi, ses libertés provocantes vis-à-vis d'Orgon? » elles l'irritent, mais il les supporte ; cet homme féroce dans ses colères, qui met son fils à la porte de chez lui, n'en chasse pas Dorine : c'est qu'il connait son dévouement, c'est qu'il en a eu des preuves, qu'elle possède quelques-uns de ses secrets, c'est qu'elle est invincible, et que, respectant Elmire, Cléante, et tout ce qui est respectable dans la maison, Dorine peut s'acharner à Orgon, dans son intérêt, lutter avec lui d'entêtement, ne point lâcher prise, et défendre pied à pied Mariane qu'elle sait aimer mieux que lui.

Le rôle de Dorine demande beaucoup d'intelligence, de franchise, de naturel et de comique : c'est le maître rôle de l'emploi des soubrettes ; les jeunes actrices doivent sans doute s'y appliquer de bonne heure, mais une longue pratique du rôle et l'expérience du théâtre pourront seules leur donner la qualité qu'il réclame avant tout : *l'autorité*.

CLÉANTE

Le rôle de Cléante, a dit Sainte-Beuve, est la contre-partie de celui du Tartuffe, un contrepoids. Cléante nous figure l'honnête homme de la pièce, le représentant de la morale des honnêtes gens dans la perfection, de la morale du juste milieu... Cléante se tient en dehors des dévots ; il se contente d'approuver les vrais, il les honore ; il flétrit les faux... il nous rend l'homme du monde comme Louis XIV le voulait dès ce temps-là. Il a un fonds de religion, ce qu'il en faut. *Pas trop n'en faut*, comme dit la chanson [1].

Cléante est le type de ces rôles qu'au théâtre on appelle les *Raisonneurs*; il demande une grande perfection de diction, mais il demande aussi à être joué dans le caractère si bien défini par les lignes que je viens de citer. Que le comédien évite le reproche que Cailhava fait au Cléante de son temps, d'adresser au parterre, comme une sorte de morceau détaché, les deux magnifiques couplets du premier acte sur la véritable

[1] *Port Royal.*

et sur la fausse dévotion : c'est à Orgon que ce discours s'adresse et, si élevé que soit le langage de Cléante, il ne doit jamais sortir de la *juste nature* et cesser de se montrer, comme le vrai dévot dont il fait l'éloge, *humain et traitable*.

VALÈRE

Valère est un homme de Cour ; son rôle est élégant, passionné, et de beaucoup de distinction.

DAMIS

Le rôle de Damis est celui d'un étourdi, emporté, bouillant, et qui croit « en vrai jeune homme » que la violence suffit à avoir raison de Tartuffe. La dévotion outrée du fourbe, ses censures hypocrites l'irritent avant qu'on ne l'ait démasqué, et le poussent à l'espionnage ; mais que l'acteur n'oublie pas que les vivacités et les impatiences de Damis ne doivent donner qu'une impression comique.

Mme PERNELLE

L'entêtement, la prévention, la bigoterie sont le fond du caractère de Mme Pernelle ; sa charité n'est rien moins qu'édifiante, ses colères la rendent insociable, son intempérance de langue va jusqu'à l'injure, elle martyrise ses enfants et soufflette la pauvre Flipote qui a soin d'elle. Mais sa violence passionnée doit amuser les spectateurs : que l'actrice ne l'oublie pas.

TARTUFFE

ACTE PREMIER

SCÈNE PREMIÈRE

Tous les personnages de la première scène entrent par la porte du fond; savoir : M⁽ᵐᵉ⁾ Pernelle, Elmire, Mariane, Cléante, Damis, Dorine, Flipote.

M⁽ᵐᵉ⁾ Pernelle entre la première, appuyée au bras de Flipote. Elle semble vouloir se diriger de la porte du fond vers la porte à la droite de l'acteur, qui est la porte de l'extérieur; la voix d'Elmire la retient en scène, et Flipote, voyant qu'une conversation s'engage entre elle et sa maîtresse, se retire discrètement au fond du théâtre. Les acteurs se disposaient à accompagner M⁽ᵐᵉ⁾ Pernelle jusqu'à la porte de la rue; la voyant s'arrêter, ils s'arrêtent aussi, et sont groupés sur la scène de la façon suivante :

<pre>
                   CLÉANTE
             MARIANE
       DORINE   DAMIS
FLIPOTE   M⁽ᵐᵉ⁾ PERNELLE   ELMIRE
</pre>

Ils redescendent peu à peu sur le devant du théâtre, et la scène tout entière se joue, les personnages ainsi placés :

DORINE, MARIANE, CLÉANTE, M⁽ᵐᵉ⁾ PERNELLE, ELMIRE, DAMIS, FLIPOTE au fond.

MADAME PERNELLE, cassée, alerte, très excitée.

Allons, Flipote, allons; que d'eux je me délivre.

ELMIRE, d'un ton gracieusement complimenteur.

Vous marchez d'un tel pas qu'on a peine à vous suivre.

MADAME PERNELLE, hargneuse, comique.

Laissez, ma bru, — laissez; — ne venez pas plus loin;
— Ce sont toutes façons dont je n'ai pas besoin.

ELMIRE, aisée et respectueuse.

De ce que l'on vous doit envers vous on s'acquitte;
Mais, ma mère, d'où vient que vous sortez si vite?

MADAME PERNELLE, avec un agacement plus vif.

C'est que je ne puis voir tout ce ménage-ci,
Et que de me complaire on ne prend nul souci.
Léger mouvement d'Elmire.
Mme Pernelle poursuit avec accentuation :
Oui. — Je sors de chez vous fort mal édifiée.
(Ton de caquetage; chaque membre de phrase entrecoupé par l'irritation.)
Dans toutes mes leçons j'y suis contrariée; —
— On n'y respecte rien. — Chacun y parle haut, —
— Et c'est tout justement — la cour du roi Pétaud[1].
Cette boutade n'enlève point à Elmire sa physionomie respectueuse.
Cléante, contenu aussi, sourit;

DORINE veut répliquer; son monosyllabe est dit d'un ton ferme et décidé

Si...

MADAME PERNELLE, lui coupant vivement et vigoureusement la parole.

Vous êtes, ma mie, une fille suivante
Un peu trop forte en gueule, — et fort impertinente.
Changement de ton, ironie méprisante mêlée d'aigreur.
Vous vous mêlez sur tout de dire votre avis.

---

[1] « Un lieu de désordre et de confusion où chacun est le maître. » (Littré.)
« Le roi Pétaud est le chef que se nommait autrefois la corporation des mendiants. » (*Molière, Les grands écrivains.*)

DAMIS, avec impatience.

Mais...

MADAME PERNELLE, très raide.

Vous êtes *un sot* en trois lettres, mon fils ;

Un léger temps.

Avec autorité.

C'est *moi* qui vous le dis, — qui suis votre grand'mère ;
Et j'ai prédit cent fois à mon fils, votre père,
Que vous preniez tout l'air d'un méchant garnement,
Et ne lui donneriez jamais que du tourment.

MARIANE, très timide.

Je crois...

MADAME PERNELLE, imitant le ton de Mariane qu'elle exagère, minaudant les deux premiers vers de sa réplique.

... Mon Dieu, — sa sœur — vous faites la discrète, —
Et vous n'y touchez pas, — tant vous semblez doucette ;

Changeant de ton, méfiante, menaçante.

Mais il n'est, comme on dit, pire eau que l'eau qui dort,

(Avec plus de fermeté.)

Et vous menez sous chape un train que je hais fort.

ELMIRE

Mais, ma mère...

Mme Pernelle a parlé brutalement aux deux enfants de son fils ; Elmire, leur belle-mère, sait l'injustice de ses reproches, elle veut les défendre, et le ton de sa voix, sans cesser d'être respectueux, devient plus sérieux. Mme Pernelle l'interrompt tout aussitôt et tourne son attaque contre elle.

MADAME PERNELLE, *sèchement revêche.*

... Ma bru, qu'il ne vous en déplaise,
Votre conduite, en tout, est tout à fait mauvaise.

> Observer une nuance dans la façon dont Mme Pernelle gourmande sa bru; ce ne peut être le ton qu'elle a employé vis-à-vis de Damis et de Mariane, elle y met plus de mesure; mais le naturel l'emporte, et en parlant, sa vivacité s'accroît.

Vous devriez leur mettre un bon exemple aux yeux;
Et leur défunte mère en *usait* beaucoup mieux.
Vous êtes dépensière; et cet état me blesse
Que vous alliez *vêtue ainsi qu'une princesse.*
Quiconque à *son mari* veut plaire seulement,
Ma bru, — n'a pas besoin de tant d'ajustement.

CLÉANTE

> Elmire voulait tout à l'heure défendre Damis et Mariane; c'est Elmire maintenant qu'il faut défendre. Cléante croit de son devoir de le faire.

Mais, Madame, après tout...

MADAME PERNELLE

> a cherché, il n'y a qu'un instant, à singer ce qu'elle appelle la mine doucette de Mariane; elle use du même procédé vis-à-vis de Cléante : elle l'interrompt — c'est son habitude —, et prend un ton grave et composé qui, dans son intention ironique, prétend parodier la façon de parler habituelle de Cléante :

Pour vous, *monsieur* son frère,
Je vous estime fort, — vous aime, — et vous revère.

> Ce qui, dans sa pensée, veut dire : *Je vous estime peu, je vous aime encore moins, et je ne vous révère pas du tout;* puis elle abandonne son essai de contrefaçon, et relevant fiévreusement le ton:

Mais enfin, si j'étais de mon fils, son époux,
Je vous prierais bien fort de n'entrer point chez nous.

Changement de ton, profonde indignation dans le reproche qu'elle adresse à Cléante :

Sans cesse vous prêchez des maximes de vivre
Qui par d'honnêtes gens ne se doivent point suivre.

Se montant par gradation.

Je vous parle un peu franc ; mais c'est *là* mon humeur,
Et je ne *mâche* point ce que j'ai sur le cœur.

DAMIS, *forcé de réprimer son impatience depuis le moment où sa grand'-mère lui a fermé la bouche, reprend avec vivacité et une sorte d'amertume ironique :*

Votre... *monsieur* Tartuffe est bien heureux sans doute...

MADAME PERNELLE, *nouvelle interruption plus absolue :*

C'est un homme de bien, — qu'il faut que l'on écoute ;

Relevant la note, grondeuse et colère :

Et je ne puis souffrir, sans me mettre en courroux,
De le voir querellé par un fou comme vous.

DAMIS, *vivement.*

Quoi ! Je souffrirai, — moi, — qu'un *cagot* de critique
Vienne usurper *céans* un pouvoir tyrannique,
Et que nous ne puissions à rien nous divertir,
Si ce... beau monsieur là n'y *daigne* consentir !

DORINE

Rabrouée par Mme Pernelle, Dorine ne lui adresse pas cette fois la parole ; les trois vers qu'elle va dire semblent une réflexion qu'elle s'adresse à elle-même :

S'il le faut *écouter*, — et *croire* à ses maximes,

On ne peut faire rien, — qu'on ne fasse des crimes,
Car il *contrôle tout*, — ce critique zélé !

    MADAME PERNELLE, avec emportement, et relevant le mot *tout* :

Et *tout* ce qu'il contrôle — est fort bien contrôlé !
    Cherchant à être éloquente :

C'est au chemin du Ciel qu'il prétend vous conduire,
Et mon fils, à l'aimer vous devrait tous induire.
    (Un peu d'attendrissement sur le dernier vers.)

    DAMIS, de plus en plus agacé.

Non, — voyez-vous, ma mère, — il n'est père, — ni rien,
Qui me puisse *obliger* à lui vouloir du bien :
Je trahirais mon cœur de parler d'autre sorte.
Sur ses façons de faire à toup coup je m'emporte.
J'en prévois une suite
    (Menace pleine de promesses.) et qu'avec... *ce pied-plat*
Il faudra que j'en vienne à quelque grand éclat.

    Que l'acteur jeune et impétueux fasse déjà pressentir l'esclandre du troisième acte. Elmire lui fait un geste affectueux de la main pour l'inviter à se calmer. Mme Pernelle, révoltée de l'audace de son petit-fils, va répondre et lui laver la tête; la voix énergique de Dorine la surprend, elle se retourne, saisie de l'injure que celle-ci ne craint pas d'envoyer à l'adresse de Tartuffe.

    DORINE, vigoureuse.

Certes ! — C'est une chose aussi qui scandalise,
De voir — qu'un inconnu — céans — s'impatronise ;
Qu'un GUEUX
(Avec indignation.) qui, quand il vint n'avait pas de souliers,
Et dont l'habit entier valait bien...
    (Elle cherche un chiffre.) six deniers,

En vienne jusque-là *que de se méconnaître,*
(Irritation croissante.)
De contrarier tout,
(Et avec une inflexion qui énergiquement surcharge ce mot).
et de faire le maître.

MADAME PERNELLE

Il lui est impossible de lutter de poumons avec Dorine ; ce qu'elle va dire ne peut avoir de force que dans un ton de regret douloureux :

Hé, merci de ma vie ! Il en irait bien mieux,[1]
Si tout se gouvernait par ses ordres pieux.

DORINE

Il passe pour un saint dans votre fantaisie.

L'inflexion de Dorine, ironiquement mielleuse, doit avoir un caractère interrogatif. Sa réponse est une affirmation pleine d'autorité :

Tout son fait, — croyez-moi, — n'est *rien* qu'hypocrisie.

Porter tout l'accent de la voix sur le mot RIEN ; la faible respiration que l'on sera obligé de prendre suffira pour donner à *hypocrisie* l'importance que ce mot doit avoir.

MADAME PERNELLE, avec un rire amer.

Voyez la langue !

DORINE

A lui...

Elle s'arrête, et avec une réticence qui semble indiquer qu'elle a des raisons toutes particulières de savoir à quoi s'en tenir sur le compte du valet de Tartuffe :

non plus qu'à son Laurent,
Je ne me fierais, — *moi*, — que sur un bon garant.

---

[1] « Il en iroit bien mieux » est un impersonnel qui ne se rapporte pas à Tartuffe. M⁻ᵉ Pernelle veut dire : La maison en irait bien mieux. (M. Étienne.)

MADAME PERNELLE

n'entend pas discuter la moralité de Laurent, et le ton qu'elle donne au premier vers de sa réponse semble indiquer comme une sorte de concession de sa part:

J'ignore ce qu'au fond le serviteur peut être;

<small>Elle n'en relève qu'avec plus d'énergie le second :</small>

Mais pour homme de bien *je garantis* le maître.
Vous ne lui voulez mal
<small>(malheureux pêcheur que vous êtes!)</small> et ne le rebutez
Qu'à cause qu'il vous dit à tous vos vérités.

<small>Insistant :</small>

C'est *contre le péché* que son cœur se courrouce,

<small>Avec dévotion :</small>

Et l'intérêt du Ciel est tout ce qui le pousse.

<small>(Le pauvre cher homme!)</small>

DORINE

<small>Articulation et interrogation très fine et très pénétrante :</small>

Oui ! — Mais pourquoi ?.....

<small>(Appelant l'attention sur sa réticence.)</small>

            surtout depuis un certain temps,

<small>Reprenant le ton de l'interrogation :</small>

Ne saurait-il souffrir ?... qu'aucun ?... entre céans ?
En quoi blesse le Ciel une visite honnête ?...
Pour en faire un vacarme à nous rompre la tête ?

<small>Changeant de ton :</small>

Veut-on que là-dessus je m'explique entre nous ?

<small>Mystérieuse et comme livrant un secret :</small>

Je crois — que de Madame — il est, ma foi, jaloux.

TARTUFFE

MADAME PERNELLE, éclatant, et avec indignation.

Taisez-vous ! !...

(Ce n'est pas la réputation de sa bru, c'est l'honneur de Tartuffe qui la touche.)

et *songez* aux choses que vous dites.
Ce n'est pas lui tout seul qui blâme ces visites ;
Tout *ce fracas* qui suit les gens que vous hantez,

S'échauffant :

Ces carrosses sans cesse à la porte plantés
Et de *tant de laquais* le bruyant assemblage,
Font un *éclat fâcheux* dans tout le voisinage.

Concession charitable qu'elle veut bien faire :

Je veux croire *qu'au fond* il ne se passe rien ;

Relevant le ton avec plus de force :

Mais enfin... *on en parle*, — et cela n'est pas bien.

CLÉANTE, simple et souriant.

Hé ! Voulez-vous, Madame, empêcher qu'on ne cause ?
Ce serait dans la vie une fâcheuse chose,
Si pour les... *sots discours* où l'on peut être mis,
Il fallait renoncer à ses meilleurs amis.
Et quand même on pourrait se résoudre à le faire,
Croirez-vous obliger *tout le monde* à se taire ?

Philosophie aimable, et en homme du monde :

Contre la médisance il n'est point de rempart.
A tous les *sots caquets* n'ayons donc nul égard.
Efforçons-nous de vivre avec toute innocence,

Sourire dédaigneux :

Et *laissons aux causeurs* une pleine licence.

DORINE, d'un ton pénétrant ; — femme perspicace, elle est sûre de ce qu'elle semble avancer comme une supposition :

Daphné ? — notre voisine ? — et son... petit époux ?...
Ne seraient-ils point ceux qui parlent mal de nous ?

> Un temps très léger. — Mme Pernelle reste bouche close à cette interrogation faite sur chaque membre de phrase ; son silence vaut un acquiescement pour Dorine, qui poursuit ironiquement, comme si tous les personnages, y compris Mme Pernelle, tenaient pour certain que les propos dont on vient de parler doivent être attribués à la médisance de la charitable Mme Daphné :

Ceux de qui la conduite offre le plus à rire
Sont toujours — *sur autrui* — les premiers à médire.

> Quittant le sourire et relevant le ton :

Ils ne manquent jamais de saisir promptement
L'apparente lueur du moindre attachement,

> Un peu mystérieusement :

D'en semer la nouvelle avec beaucoup de joie

> Et très perfidement.

Et d'y donner *le tour* qu'ils veulent qu'on y croie ;

> (Les six derniers vers un peu plus animés :)

Des actions d'autrui, *teintes de leurs couleurs*,
Ils pensent dans le monde autoriser les leurs,
Et, sur le faux espoir de quelque ressemblance,
Aux intrigues — *qu'ils ont* — donner de l'innocence,
Ou faire ailleurs tomber quelques traits partagés
De ce *blâme public* dont ils sont trop chargés.

MADAME PERNELLE

> Impatientée, elle veut éviter le débat sur Daphné, dont la réputation est douteuse :

Tous ces raisonnements ne font rien à l'affaire.

Elle se rabat sur l'opinion d'une personne dont la vertu lui semble inattaquable :

On sait qu'Orante mène une vie *exemplaire :*
Tous ses soins vont au Ciel ;
    (Ton plus affirmatif.) et j'ai su — par des gens,
Qu'elle *condamne fort* le train qui vient céans.

DORINE, très ironique.

L'exemple... est admirable, — et cette dame... est bonne !
Changeant de ton, et le vers qui suit avec une affectation de dévotion.
Il est vrai qu'elle vit en *austère* personne ;
Avec une finesse qui perce à jour le manège de la fausse vertu.
Mais *l'âge* dans son âme a mis ce zèle ardent,
Et l'on sait qu'elle est prude — *à son corps défendant.*
Tant qu'elle a pu des cœurs attirer les hommages,
Elle a fort bien joui de tous ses avantages ;
Mais — voyant de ses yeux tous les brillants baisser,
Au monde — *qui la quitte* — elle veut renoncer,
 (Un peu emphatique.)
Et du voile pompeux d'une *haute sagesse*
De ses attraits *usés* déguiser la faiblesse.
Tout le reste du couplet avec une chaleur et une énergie croissantes :
Ce sont *là* les retours des coquettes du temps
Il leur est dur de voir *déserter* les galants.
Dans un tel abandon, leur sombre inquiétude
Ne voit d'autre recours que le métier de prude ;
Et la sévérité de ces femmes de bien
Censure toute chose, et *ne pardonne à rien.*
Frappant à droite, à gauche, partout.

Hautement — d'un chacun — elles blâment la vie
Non point par charité, (Allons donc!) et d'un ton plus aigu :
mais *par un trait* d'envie,
Qui ne saurait souffrir qu'une autre ait les plaisirs
Dont le *penchant de l'âge* a sevré leurs désirs.

<small>MADAME PERNELLE, un peu étourdie de la verve de Dorine, ne sait d'abord que répondre, et veut essayer, elle aussi, de l'ironie :</small>

Voilà — les *contes bleus* — qu'il vous faut pour vous plaire,
Ma bru; — l'on est chez vous *contrainte* de se taire,
Car *Madame* à jaser tient le dé tout le jour.

<small>Puis, rassemblant toute son énergie, elle relève la voix, et prend la parole en femme décidée à la garder longtemps :</small>

Mais enfin, je prétends *discourir* à mon tour.

<small>Et elle appuie le mot *discourir* d'un coup de sa béquille sur le parquet.</small>

Je vous dis

<small>Elle change de ton et continue sa phrase comme si elle n'était que la répétition d'une chose qu'elle est fatiguée d'avoir déjà dite cent fois :</small>

... que mon fils n'a rien fait de plus sage
Qu'en recueillant chez soi ce dévot personnage ;
Que le Ciel au besoin l'a céans envoyé
Pour redresser *à tous* votre esprit fourvoyé ;
Que pour votre salut, vous *le devez* entendre ;
Et qu'il ne reprend rien — qui ne soit à reprendre.

<small>Quittant le ton sentencieux et monotone qu'elle a gardé sur les vers qui précèdent et reprenant l'aigre bavardage qui lui est habituel.</small>

Ces visites — ces bals — ces conversations, —
Sont du *malin esprit* toutes inventions.

<small>Caquetage plus vif, membres de phrases entrecoupées.</small>

Là — jamais on n'entend de pieuses paroles ;
Ce sont propos oisifs — chansons — et fariboles :

Bien souvent — le prochain en a sa bonne part,
Et l'on y sait médire — et du tiers — et du quart.
Enfin — les gens sensés ont leurs têtes troublées
De la confusion de telles assemblées :

<small>Précipitant davantage le mouvement.</small>

Mille caquets divers s'y font en moins de rien,

<small>Les idées commencent à lui faire défaut, elle cherche à les rassembler, — une citation pourra peut-être la tirer d'affaire :</small>

Et... comme l'autre jour... un Docteur... dit fort bien,
C'est véritablement la tour de Babylone...
Car chacun y babille — et tout le long de l'aune...

<small>La divagation commence... elle veut aborder un autre ordre d'idées, et entame une histoire qui, par l'inflexion qu'elle emploie, promet de la longueur :</small>

Et... pour conter l'histoire où ce point l'engagea...

<small>Elle s'est retournée vers Cléante et le voit cherchant à étouffer le rire qui s'empare de lui. Indignée, elle imite sénilement et ridiculement ce rire qu'elle fond dans le vers qui suit :</small>

Voilà-t-il pas,... *Monsieur* qui ricane déjà !

<small>Avec violence.</small>

Allez cherchez vos *fous* qui vous donnent à rire...
Et sans...

<small>Elle s'arrête suffoquée par la colère, et affecte un ton contenu :</small>

    Adieu, ma bru : — Je ne veux plus rien dire.

<small>(La colère la reprend.)</small>

Sachez que pour céans — j'en rabats de moitié ;
Et qu'il fera beau temps

<small>(Donnant un coup de sa béquille avec le dernier hémistiche) :</small>

    quand j'y mettrai le pied.

<small>Elle remonte, et s'adressant à Flipote qui l'attend au fond du théâtre :</small>

Allons, vous, vous rêvez, et bayez aux corneilles,
Jour de Dieu!... Je saurai vous frotter les oreilles.
Marchons, gaupe, marchons!

D'après l'indication de l'auteur, indication confirmée par la *Lettre sur l'Imposteur*, Mme Pernelle doit donner un soufflet à Flipote. Ce soufflet gêne le mouvement de la scène, et depuis longtemps on y a renoncé : l'emportement de la voix et le rudoiement du geste suffisent pour accentuer la sortie, qui se fait par la porte à la droite de l'acteur. Tout le monde accompagne Mme Pernelle, Dorine comme les autres ; arrivée à la porte, elle s'arrête et s'efface pour laisser passer devant elle Cléante, qui refuse du geste, et reste en scène, riant plus librement.

SCÈNE II

DORINE, CLÉANTE

CLÉANTE, plus à son aise, plaisamment :

Je n'y veux point aller,
De peur qu'elle ne vînt encor me quereller ;
Que cette bonne femme...

DORINE, qui avait déjà quitté le pas de la porte, redescendant tout à fait en scène, gaiement :

Ah! certes, c'est dommage
Qu'elle ne vous ouït tenir un tel langage ;
Elle vous dirait bien

Imitation légère du ton et de la voix de Mme Pernelle :

qu'elle vous trouve bon,
Et qu'elle n'est point *d'âge* à lui donner ce nom.

(Elle rit.)

CLÉANTE, en bonne humeur :

Comme elle s'est pour rien contre nous échauffée,
Et que de son... *Tartuffe* elle paraît coiffée !

DORINE, redevenant sérieuse, et un peu chagrine :

Oh ! vraiment, tout cela *n'est rien* au prix du fils ;
Et, si vous l'aviez vu, vous diriez : — « *C'est bien pis !* »

Du ton de la narration, mais en n'oubliant pas qu'elle ne fait que rappeler à Cléante une circonstance qu'il ne peut ignorer :

Nos troubles l'avaient mis sur le pied d'homme sage,
Et pour servir son prince, il montra du courage ;

Comme elle dirait : « Vous savez cela ; mais ce que vous ne savez pas aussi bien, c'est que... »

Mais il est devenu comme un homme *hébété*,

(De l'irritation.)

Depuis que de *Tartuffe* on le voit entêté ;

(Colère railleuse.)

Il l'appelle *son frère !* et l'aime, dans son âme,
Cent fois plus qu'il ne fait mère, — fils, — fille, et femme.

(Animant.)

C'est, de tous ses secrets, l'unique confident,
Et de ses actions, le directeur prudent.
Il le choie — *Il l'embrasse*, et — POUR UNE MAITRESSE,
On ne saurait, je pense, avoir plus de tendresse ;
Enfin — *il en est fou.*

(Chaleureusement.) C'est *son tout, son héros ;*
Il l'admire à tous coups — le cite à tout propos ;
Ses moindres actions sont pour lui *des miracles,*
Et tous les mots qu'il dit sont pour lui — des oracles.

Un temps, changement de ton, et très finement :

Lui, — qui connaît sa dupe, — et qui veut en jouir,
Par cent dehors fardés *a l'art* de l'éblouir.
Son cagotisme en tire à toute heure des sommes,

<small>Ton d'humeur en révolte.</small>

Et prend droit de gloser sur tous tant que nous sommes.

<small>S'arrêtant tout à coup et avec l'accent d'une indignation comique qui semble dire : « Le croiriez-vous ? »</small>

Il n'est pas *jusqu'au fat*, qui lui sert de garçon,
Qui ne se mêle aussi de nous faire leçon :
Il vient nous sermonner avec des yeux farouches
Et jeter nos rubans, — notre rouge, — et nos mouches.

<small>Plus furieuse.</small>

Le traître! — l'autre jour — nous rompit de ses mains
Un mouchoir — qu'il trouva dans une *Fleur des Saints*,
Disant :

<small>Componction indignée d'un sermonnaire, dans le bas de sa voix :</small>

    que nous mêlions par un crime effroyable

<small>Très dévotement, les yeux au ciel :</small>

Avec la sain-te-té...

<small>Elle ne peut plus garder son sérieux et part d'un éclat de rire, en terminant le vers</small>

    ... les parures du diable !

SCÈNE III

DORINE, DAMIS, MARIANE, ELMIRE, CLÉANTE

Damis et Elmire rentrent par la porte de droite. Les actrices qui jouent Mariane se dispensent de rentrer aussi, sous le prétexte qu'elles n'ont rien à dire dans cette courte scène. — C'est une faute : Mariane ne doit point quitter sa belle-mère qui, souffrante, peut encore avoir besoin de ses soins, et c'est pour cette raison sans doute que Molière a indiqué sa rentrée.

ELMIRE à CLÉANTE, d'un ton enjoué :

Vous êtes bien heureux de n'être point venu
Au discours qu'à la porte elle nous a tenu.

Plus sérieuse :

Mais j'ai vu mon mari : comme il ne m'a point vue,
Je veux aller là-haut attendre sa venue.

CLÉANTE, remontant la scène avec Elmire.

Moi, je l'attends ici, pour moins d'amusement,
Et je vais lui donner le bonjour seulement.

Le frère et la sœur se séparent. Elmire disparait par la porte du fond, et Cléante, au moment où il redescend en scène, est arrêté par Damis qui allait suivre Elmire, et qui s'est retourné dès que celle ci a passé le seuil de la porte.

DAMIS

Vivement ; il sait qu'il n'a qu'un instant à pouvoir parler, et n'oserait dire à son père redouté ce qu'il prie Cléante de lui dire :

De l'hymen de ma sœur touchez-lui quelque chose.
J'ai soupçon que *Tartuffe* à son effet s'oppose,
Qu'il oblige mon père à des détours si grands ;
Et vous n'ignorez pas quel intérêt j'y prends :

Plus passionné.

Si même ardeur enflamme et ma sœur et Valère,
La sœur de cet ami — vous le savez, — m'est chère ;
Et s'il fallait...

DORINE

Elle est restée près de la porte, guettant l'arrivée d'Orgon. Elle l'a aperçu, et tout aussitôt, dans le grave de la voix, et comme un cri d'avertissement connu de Damis qui se sauve par la porte du fond, elle dit en traînant la voix :

> Il en... tre !

Le ton de Dorine pose un des côtés du caractère d'Orgon; ses enfants le craignent. Dorine l'a dit : C'était un homme *sage;* il ne l'est plus.

SCÈNE IV

DORINE, ORGON, CLÉANTE

Orgon entre par la porte à la droite de l'acteur. Il a son manteau sur son bras, et son chapeau sur la tête; il salue Cléante, et se recouvre.

ORGON, simplement et sans effusion :

> Ah ! mon frère, bonjour.

CLÉANTE, plus expansif :

> Je sortais, et j'ai joie à vous voir de retour.
> La campagne à présent n'est pas beaucoup fleurie.

ORGON, un peu préoccupé.

> Dorine !

Il lui donne son manteau, et aussi son chapeau à la volonté de l'acteur, et pendant que Dorine va les poser sur un fauteuil à droite, il dit à Cléante:

> Mon beau-frère, attendez, je vous prie.
> Vous voulez bien souffrir, pour m'ôter de souci,

Que je m'informe un peu des nouvelles d'ici ?

(Geste poli d'adhésion de Cléante.) Revenu à Dorine :

Tout s'est-il, — ces deux jours — passé de bonne sorte ?
Qu'est-ce qu'on fait céans ? Comme est-ce qu'on s'y porte ?

DORINE

Malgré le ton assez sec dont cette question a été faite, Dorine la prend comme une preuve d'intérêt que donne Orgon pour sa femme qu'il a quittée malade ; elle répond avec une nuance de compassion pour Elmire :

Madame eut avant-hier la fièvre jusqu'au soir,
Avec un mal de tête étrange à concevoir.

ORGON

La nouvelle laisse Orgon impassible, et après un petit temps, il demande à Dorine, avec un intérêt curieux, mais sans forcer la note :

Et Tartuffe ?

DORINE

Un léger mouvement de Dorine. Son œil rencontre celui de Cléante ; elle semble lui rappeler ce qu'elle vient de lui dire il n'y a qu'un moment sur son maître, et il peut se convaincre qu'elle n'a rien exagéré :

Tartuffe !...

(Lente, et ironiquement.)

Il se porte à merveille :
Gros et gras, — le teint frais, — et la bouche vermeille [1].

---

[1] Il n'est pas donné à tous les acteurs qui jouent Tartuffe d'avoir la tournure extérieure indiquée par ces vers, et qui était celle de Du Croisy, créateur du rôle, « gras, bel homme » au dire d'un contemporain ; aussi est-il bon de répéter le mot si juste et si applicable de Préville : « On a toujours le physique d'un rôle quand on en a l'âme. »

ORGON, heureux :

Le pauvre homme !

DORINE, cherchant à ramener de l'intérêt sur Elmire, et reprenant son ton compatissant :

Le soir, — elle eut un grand dégoût,
Et ne put, au souper, toucher à rien du tout,
Tant sa douleur de tête était encor cruelle !

ORGON

Légère impatience. — (Les nouvelles que lui donne Dorine ne sont pas celles qu'il réclame.)

Et Tartuffe ?

DORINE, comprime son irritation :

Il soupa ; — lui tout seul, — devant elle ;

Ironiquement pieuse :

Et fort dévotement — il mangea deux perdrix
Avec une moitié de gigot

Avec béatitude, en accentuant bien l'*h* aspirée :

en — hachis.

ORGON, attendri :

Le pauvre homme !

DORINE, s'obstinant à vouloir apitoyer Orgon sur la maladie de sa femme, et relevant le ton :

La nuit se passa tout entière
Sans qu'elle pût fermer un moment la paupière !
Des chaleurs — l'empêchaient de pouvoir sommeiller,
Et jusqu'au jour, près d'elle, il nous fallut veiller.

ORGON, impatience croissante : (Ce n'est pas sa femme qui l'inquiète.)

Et Tartuffe ?

DORINE, lentement ; prenant son parti de la sécheresse et de l'insensibilité d'Orgon, elle se plaît à détailler les vers qui suivent :

>   Pressé d'un sommeil agréable,
> — Il passa — dans sa chambre — au sortir de la table,
> Et dans son lit — *bien chaud*, — il se mit tout soudain,

Avec une langueur béate :

> Où, sans trouble — il dormit — jusques au lendemain.

ORGON, s'essuyant les yeux :

Le pauvre homme !

DORINE, tentant un dernier effort, et un peu vivement :

>   A la fin, par nos raisons gagnée,
> Elle se résolut à souffrir la saignée ;
> Et le soulagement suivit tout aussitôt.

ORGON, tout à fait agacé, et accentuant avec force sa question :

Et Tartuffe ?

DORINE, non moins agacée que son maître, mais très railleuse ;

>   Il reprit courage — *comme il faut* ;
> Et, — contre tous les maux *fortifiant* son âme,
> Pour réparer le sang — qu'avoit perdu Madame,
> But, à son déjeuné,

Prenant la voix dans ses cordes les plus vigoureuses, vibrant fortement les r qui se trouvent dans ce second hémistiche, de manière à en faire une sorte de jurement qui indique le robuste tempérament de Tartuffe :

>   quatre grands coups de vin.

ORGON, transporté et avec éclat :

Le pauvre homme !

DORINE, très posément.

Tous deux se portent bien enfin ;
Et je vais — *à Madame*

(Orgon ne peut comprendre l'intention menaçante qu'indique l'inflexion de Dorine.)

annoncer, par avance,
La part — que vous prenez à sa convalescence.

Elle fait à son maître une révérence profonde beaucoup moins respectueuse qu'ironique, et sort par le fond.

SCÈNE V

ORGON, CLÉANTE

CLÉANTE, affectueux, mais légèrement moqueur :

A votre nez, mon frère, elle se rit de vous ;
Et, sans avoir dessein de vous mettre en courroux,
Je vous dirai, *tout franc*, que c'est avec justice.

Plus sérieusement :

A-t-on jamais parlé d'un semblable caprice ?
Et se peut-il qu'un homme ait un charme aujourd'hui
A vous faire oublier toutes choses pour lui ?

Un peu plus animé :

Qu'après avoir chez vous réparé sa misère,
Vous en veniez au point ?.....

ORGON, très ferme :

Halte-là, mon beau-frère ;
Vous ne connaissez pas celui dont vous parlez.

CLÉANTE, dit le premier vers sur un ton de concession ; relevant le second comme pour commencer une argumentation qui aura de la longueur :

Je ne le connais pas, puisque vous le voulez ;
Mais enfin, pour savoir quel homme ce peut être...

ORGON, l'interrompant vigoureusement :

Mon frère !...

Il s'arrête ; sa voix s'adoucit, prend de l'onction :

Vous seriez charmé de le connaître,
Et vos ravissements ne prendraient point de fin.

Avec force :

C'est un homme... (Il cherche un qualificatif à la hauteur de son admiration ; *homme* lui paraît faible :)

qui...

L'expression qu'il cherche ne lui vient pas ; une exclamation passionnée la remplacera peut-être :

Ha !

L'exclamation est insuffisante ; il reprend sa phrase avec une force qui lui fera trouver peut-être l'épithète qu'il cherche :

Un homme !...

La force n'a pas plus de succès... La phrase reste sans complément ; au surplus, en a-t-elle besoin ? Qui dit : *homme*, dit tout, et c'est, en donnant à ce mot la force d'expression du latin *vir*, qu'Orgon sort d'embarras et dit avec une dignité emphatique :

> Un homme enfin[1] !
— Qui suit bien ses leçons *goûte* une paix profonde,

Dédaigneusement :

Et comme du fumier regarde tout le monde.
— Oui, je deviens tout autre avec son entretien :

Exprimer les sentiments si contraires à la nature et à l'humanité des vers qui suivent, comme des maximes d'une vraie piété :

Il m'enseigne à n'avoir affection pour rien ;
De toutes amitiés il détache mon âme ;

Accentuant :

Et je verrais mourir frère — enfants, — mère et femme,
Que je m'en soucierais autant...

(Donnant une chiquenaude sur la corne de devant de son chapeau, ou tout simplement dans l'air :)

> que de cela !

CLÉANTE (compris dans la nomenclature des pertes que pourrait faire Orgon), raillant :

Les sentiments humains, *mon frère*, que voilà !

---

[1] L'interprétation de ce passage a été un jour dans la presse l'objet de quelques controverses ; on a accusé les comédiens de fausser, en vue d'un effet comique, la pensée de Molière, en détachant les mots : *un homme enfin !* et en terminant là une phrase, qui, suivant les critiques, devrait se continuer dans le vers qui la complète :

« *Qui suit bien ses leçons goûte une paix profonde.* »

Je crois inutile de discuter une opinion qui me paraît tranchée et réfutée par ce passage de la *Lettre sur l'Imposteur*... « Vous remarquerez, s'il vous plaît, que d'abord l'autre (Orgon), voulant exalter son Panulphe, commence à dire que *c'est un homme !* de sorte qu'il semble qu'il aille faire un long dénombrement de ses bonnes qualités, et tout cela se réduit pourtant à dire encore une ou deux fois : *mais un homme... un homme*, et A CONCLURE : *un homme enfin !* Voir Ed. Fournier, *Études sur Molière*, p. 380.

ORGON, avec effusion.

Ah ! si vous aviez vu comme j'en fis rencontre,
   Plus chaudement :
Vous auriez pris pour lui l'amitié que je montre.
   D'un ton pieux et caressant :
Chaque jour, — à l'église — il venait d'*un air doux*,
Tout vis-à-vis de moi se mettre à deux genoux.
   Un peu plus animé :
Il attirait les yeux de l'assemblée entière,
Par l'ardeur — dont au ciel — *il poussait* sa prière :
   Ferveur croissante :
Il faisait des soupirs, — de grands élancements,
Et baisait humblement la terre — à tous moments.
Et — lorsque je sortais,
   (Un peu plus rapide.) il me devançait vite,
Pour m'aller — à la porte — offrir de l'eau bénite.
   Revenant au ton de la narration :
Instruit par son garçon — qui dans tout l'imitait,
Et de son indigence — et de ce qu'il était,
Je lui faisais des dons : mais — avec modestie,
Il me vouloit toujours en rendre une partie.
   D'un ton tout à la fois humble et attendri :
« C'est *trop*, — me disait-il, — c'est trop de la moitié ;
Je ne mérite pas de vous faire pitié. »
Et (Attirant l'attention de Cléante sur ce qu'il va dire.)
   ... quand je refusais de le vouloir reprendre,
   Avec éclat, admirant l'action qu'il raconte :
Aux pauvres — *à mes yeux* — il allait le répandre !
   Après un léger temps qui indique son émotion après le récit qu'il vient
   de faire, il continue d'un ton reposé et avec satisfaction :

Enfin le Ciel, chez moi, me le fit retirer,
Et depuis ce temps-là, tout semble y prospérer :

(Heureux de sa remarque :)

Je vois qu'il reprend tout, et, *qu'à ma femme même,*

(Plus accentué :)

Il prend, *pour mon honneur,* un intérêt extrême.

(Un peu mystérieux :)

Il *m'avertit* des gens qui lui font les yeux doux,
Et — *plus que moi* — *six fois* il s'en montre jaloux.

(Ton qui indique la crainte d'être accusé d'exagération :)

Mais *vous ne croiriez point* jusqu'où monte son zèle :
Il *s'impute à péché* la moindre bagatelle,
Un rien — presque — suffit pour le scandaliser :

(Vigoureusement, il faut donner de la force au fait qu'il va citer :)

Jusque-là

(Articulant tous les mots.)

qu'il se veut l'autre jour accuser
D'avoir pris *une puce* — en faisant sa prière

Il tient la puce entre ses deux doigts, et l'écrasant sur la paume de la main gauche en joignant la force de la voix à la force du geste :

Et de l'*avoir tuée* — avec trop de colère.

CLÉANTE, riant :

Parbleu ! vous êtes fou, mon frère, que je croi.
Avec de tels discours vous moquez-vous de moi ?
Et que prétendez-vous que tout ce badinage...

TARTUFFE

ORGON, blessé du rire de Cléante, indiquant son peu d'admiration pour le donneur d'eau bénite et l'assassin repentant de la puce, répond avec une sévérité mêlée d'aigreur :

Mon frère, — ce discours sent le libertinage [1] :

(D'un ton de reproche :)

Vous en êtes un peu dans votre âme entiché ;
Et comme je vous l'ai plus de dix fois prêché,

(Prophétiquement.)

Vous vous attirerez quelque méchante affaire.

CLÉANTE, redevenu sérieux, léger haussement d'épaules.

Voilà de *vos pareils* le discours ordinaire :
Ils *veulent* que chacun soit *aveugle* comme eux.
C'est être *libertin* que d'avoir de bons yeux,
Et qui *n'adore pas* de *vaines simagrées*
N'a *ni respect* — *ni foi* pour les choses sacrées.

Un temps, — qui sert à compléter par un jeu de physionomie rapide les cinq vers qu'il vient de débiter. Il semble dire : Pardonnez-lui, mon Dieu ! car il ne sait ce qu'il dit ; et il poursuit d'un ton calme et digne :

Allez, tous vos discours ne me font point de peur ;
Je sais comme je parle, et *le Ciel* voit mon cœur.

(Changement de ton, le relevant :)

De tous vos *façonniers* on n'est point les esclaves [2].

Affirmatif ; il énonce une vérité que personne n'oserait contredire :

---

[1] Ce mot de *libertinage* n'est pas employé ici dans le sens de dérèglement des mœurs, mais dans celui, vieilli, de licence des opinions en matière religieuse.

[2] *Esclaves* dans le sens de *dupes*.

Il est de *faux dévots* ainsi que de *faux braves* :
Et comme on ne voit pas qu'où l'honneur les conduit
Les *vrais braves* soient ceux qui font *beaucoup* de bruit, —
Les bons et vrais dévots, qu'*on doit suivre à la trace*,
Ne sont pas ceux aussi qui font *tant de grimace*.

(Un peu plus animé ; on sent dans sa parole tout à la fois l'attaque et le reproche.)

Hé quoi ! Vous ne ferez *nulle* distinction
Entre l'*hypocrisie* — et la *dévotion* ?

Même inflexion interrogative sur les deux vers qui suivent :

Vous les voulez traiter d'un *semblable* langage ?
Et rendre même honneur AU MASQUE ? — qu'au visage ?

(De même ; avec progression dans le mouvement :)

Égaler l'*artifice* à la sincérité ?...
Confondre l'*apparence* avec la vérité ?
Estimer le *fantôme* autant que la personne ?
Et la *fausse monnoie* à l'égal de la bonne ?

Transition de voix prononcée ; mais se bien garder d'en ralentir l'animation, il faut conserver au morceau son mouvement éloquent :

Les hommes — la plupart sont *étrangement* faits ;
Dans la *juste* nature | on ne les voit *jamais* ;
La raison — a pour eux des bornes trop petites :
En chaque caractère | *ils passent* ses limites,
Et la *plus noble chose*, | ils la *gâtent* souvent
Pour la vouloir *outrer*, | et *pousser* trop avant.

Il s'arrête subitement, sa chaleur tombe, et revenant au ton simple de la conversation :

Que cela vous soit dit *en passant*, mon beau-frère.

ORGON, railleur. Cherchant à donner à chaque mot significatif un ton qu'il croit amer et sarcastique :

Oui, — vous êtes sans doute un *docteur* qu'on révère,
Tout le *savoir du monde* est chez vous retiré,
Vous êtes le *seul sage*, et le *seul éclairé*,
Un *oracle* — un *Caton* — dans le siècle où nous sommes,
Et — *près de vous* — ce sont *des sots* que tous les hommes.

CLÉANTE, répondant avec douceur et bonhomie :

Je ne suis point, mon frère, un *docteur* révéré,
Et le *savoir, chez moi*, n'est pas tout retiré.
(Simple et ferme.)
Mais, en un mot, — *je sais* — pour toute ma science,
Du *faux* — avec le *vrai* — faire la différence.
(Relevant le ton.)
Et, comme je ne vois nul genre de héros
Qui soit plus à priser que les parfaits dévots,
Aucune chose au monde, et plus *noble* et plus *belle*
Que la *sainte* ferveur d'un *véritable* zèle,

Opposition de ton aux quatre vers qui précèdent, indignation rentrée :

Aussi — ne vois-je *rien* qui soit plus *odieux*
Que le *dehors* PLATRÉ, d'un zèle spécieux,
Que ces *francs charlatans*, que ces *dévots de place*,
De qui la *sacrilége* et *trompeuse* grimace
Abuse impunément, et se *joue* à leur gré,
De ce qu'ont les mortels de plus saint et sacré.

Plus chaleureux :

Ces gens qui, par une âme à l'*intérêt* soumise,
Font de dévotion *métier* et *marchandise*,

Et veulent acheter crédit et dignités
A prix de faux clins d'yeux et d'*élans* affectés ;

(Véhément :)

Ces gens, dis-je, qu'on voit, d'une ardeur non commune,
Par le *chemin du Ciel* | COURIR à leur fortune ;
Qui, *brûlants* et *priants*, demandent chaque jour,
Et prêchent la *retraite* | au *milieu de la Cour* ;

(De plus en plus animé :)

Qui savent *ajuster leur zèle* | avec *leurs vices*,
Sont prompts, | *vindicatifs*, | *sans foi*, | *plein d'artifices*,
Et pour *perdre* quelqu'un couvrent insolemment
De l'*intérêt du Ciel*, leur fier ressentiment.

(L'horreur le gagne.)

D'autant plus *dangereux* dans leur âpre colère
Qu'ils prennent contre nous | des armes qu'on révère
Et que leur passion | dont on leur sait bon gré,
Veut nous *assassiner* | AVEC UN FER SACRÉ !

Un temps.

(Revenant à un ton parlé et plus simple.)

De ce faux caractère, on en voit trop paraître.

Changement de voix indiquant bien une opposition d'idées ; débit plus lent : que sa leçon de morale soit l'accent honnête d'un homme vertueux et éclairé.

Mais | les *dévots de cœur* | sont *aisés* à connaître ;
Notre siècle | mon frère | en expose à nos yeux
Qui peuvent nous servir d'*exemples* glorieux :
Regardez... Ariston ;

S'il a cherché un moment le nom d'*Ariston* parmi tous ceux qu'il n'est pas embarrassé de citer, le nom de Périandre lui vient plus vite : il varie ensuite ses inflexions sur les quatre noms qui suivent pour indiquer le degré d'importance ou d'autorité qu'il attribue à chacun d'eux :

Regardez Périandre,

Oronte | *Alcidamas*... Polydore | Cᴌɪᴛᴀɴᴅʀᴇ !

Ce dernier nom sera celui d'un personnage après lequel on ne peut plus citer personne.

Ce titre — *par aucun* — ne leur est débattu ;

(Très simple.)

Ce ne sont point du tout *fanfarons* de vertu.
On ne voit point en eux ce faste insupportable ;
Et leur dévotion est *humaine*, — est *traitable*.
Ils ne *censurent* point toutes nos actions,
Ils trouvent *trop d'orgueil* dans ces corrections ;
Et laissant la fierté des paroles aux autres,

(Appuyant.)

C'est *par leurs actions* — qu'ils reprennent les nôtres.
L'apparence du mal a chez eux peu d'appui,
Et leur âme — est portée à *juger bien* d'autrui.

(Douceur indulgente :)

Point de *cabale* en eux ; — point d'*intrigues* à suivre.
On les voit — *pour tous soins*, — se mêler de *bien vivre*.

(S'animant :)

Jamais — *contre un pécheur*, — ils n'ont d'acharnement ;
Ils attachent *leur haine* — au ᴘᴇ́ᴄʜᴇ́ seulement,

(Gradation de plus en plus chaleureuse :)

Et ne veulent point prendre avec un zèle extrême
Les intérêts du Ciel — ᴘʟᴜs qu'il ne veut lui-même ;
Voilà mes gens — ᴠᴏɪʟᴀ comme il en faut user,
ᴠᴏɪʟᴀ l'exemple enfin — qu'il se faut proposer.

Cléante arrête à ce vers tout ce qu'il a cru devoir opposer à la dévotion imbécile d'Orgon. Ce qui suit rentre dans le ton ordinaire de la conversation :

Votre homme, — à dire vrai — n'est pas de ce modèle ;
    (Inflexion de politesse.)
C'est de *fort bonne foi* — que vous vantez son zèle,
Mais — (Hochement de tête.)
    Par un *faux éclat* — je vous crois ébloui.

ORGON

Pendant la première partie du couplet de Cléante, Orgon a témoigné par une attitude tranquillement résignée tout l'ennui que lui cause ce qu'il est forcé d'entendre. Dans la seconde partie il commence à marquer de l'impatience, mais ce mouvement doit être extrêmement ménagé. En l'accentuant trop fortement, l'acteur détournerait sur lui l'attention qui doit appartenir exclusivement à Cléante. Quand celui-ci a cessé de parler, Orgon reste un moment silencieux, et dans un ton où perce une intention d'impertinence, il dit :

Monsieur mon cher beau-frère, — avez-vous tout dit ?

CLÉANTE, poliment.

                                                   Oui.

ORGON

Sans mot dire va chercher son manteau sur le fauteuil où Dorine l'a déposé, le met sur son bras, donne froidement un coup de chapeau à son beau-frère, et dit en s'en allant :

Je suis votre valet.

CLÉANTE, l'arrêtant du geste :

    De grâce, un mot, mon frère,
Laissons là ce discours.

(L'invitant de la main à redescendre en scène ; ce à quoi condescend Orgon avec un peu d'impatience.)

Vous savez que Valère,
Pour être votre gendre — a parole de vous.

ORGON, très nettement et très sèchement articulé.

Oui.

CLÉANTE, rappelant une convention bien arrêtée :

Vous aviez pris jour pour un lien si doux.

ORGON

Il ne conteste rien, et affecte dans ses réponses de l'indifférence ou de la sécheresse.

Il est vrai.

CLÉANTE

Pourquoi donc en différer la fête ?

ORGON, sans se presser.

Je ne sais.

CLÉANTE, un peu inquiet.

Auriez-vous autre pensée en tête ?

ORGON, de même.

Peut-être.

CLÉANTE, plus vif, avec une nuance d'étonnement.

Vous voulez *manquer* à votre foi ?

ORGON, sans trop se récrier.

Je ne dis pas cela.

CLÉANTE, de plus en plus pressant.

Nul obstacle, je croi,
Ne vous peut empêcher d'*accomplir* vos promesses.

ORGON, d'un ton dubitatif.

Selon.

CLÉANTE, légère agitation faisant contraste avec la froideur affectée d'Orgon.

Pour dire *un mot* — faut-il tant de finesses ?
Valère — sur ce point — me fait vous visiter.

ORGON, s'inclinant, avec un peu d'ironie.

Le Ciel en soit loué !

CLÉANTE, accentuant.

Mais que lui reporter ?

ORGON, très indifférent.

Tout ce qu'il vous plaira.

CLÉANTE, avec la plus grande insistance.

Mais il est nécessaire
De *savoir* vos desseins. Quels sont-ils ?

ORGON

(Il semble qu'il va enfin répondre.)

De faire...

Il s'arrête, ôte son chapeau, et les yeux au ciel continue sa phrase :

Ce que le Ciel voudra.

CLÉANTE

Sans abandonner le mouvement, il change de ton et semble reprocher à Orgon de ne pas lui répondre sérieusement :

Mais parlons tout de bon.
Valère a votre foi ; la tiendrez-vous, ou non ?

ORGON, un temps — et brusquement :

Adieu.

(Il sort par la porte du fond.)

CLÉANTE

abasourdi, et après un temps très court, inquiet et chagrin dit, sans laisser refroidir le mouvement de la scène :

Pour son amour je crains une disgrâce,
Et je dois l'avertir de tout ce qui se passe.

(Il sort vivement par la porte, droite de l'acteur.)

ACTE SECOND

SCÈNE PREMIÈRE
ORGON, MARIANE

ORGON

Il entre seul par la porte du fond. Il s'arrête au milieu du théâtre, se tourne vers la porte ouverte qui est à la gauche de l'acteur et appelle :

Mariane !

MARIANE, *entre, et s'arrête sur le seuil de la porte.*

Mon père ?

ORGON
Approchez, —

(Mariane descend en scène.)

J'ai de quoi
Vous parler en secret.

Dès que Mariane a obéi, Orgon remonte, et va regarder avec précaution dans le cabinet, à côté de la porte du fond — droite de l'acteur.

MARIANE, *avec une curiosité un peu étonnée :*

Que cherchez-vous ?

TARTUFFE

ORGON, regardant toujours pour bien s'assurer que personne ne peut l'écouter.

                                        Je voi
Si quelqu'un n'est point là qui pourrait nous entendre ;

    (Redescendant en scène en parlant.)

Car ce *petit endroit* | est propre pour surprendre.

    (Revenu auprès de Mariane, avec satisfaction :)

Or sus, nous voilà bien. —

    D'un ton composé, pesant ses paroles, dont l'intention et l'expression tendent à rappeler à Mariane tout ce qu'elle lui doit :

                            J'ai, — Mariane, — en vous
Reconnu de tout temps — un esprit assez doux,
Et de tout temps aussi — (Veuillez-vous le rappeler.)
                                   vous m'avez été chère.

            MARIANE, ingénue et souriante :

Je suis *fort redevable* à cet amour de père.

            ORGON, prenant acte de ce que vient de dire sa fille :

C'est *fort bien dit*, ma fille ; — et, — pour le mériter,

    (Insistant.)

Vous devez n'avoir soin *que de me contenter*.

            MARIANE, heureuse et toujours avec un sourire :

C'est *où je mets aussi* ma gloire la plus haute.

            ORGON, ferme, et avec satisfaction :

Fort bien.

    Un temps. — A ce moment entre Dorine, indifféremment, n'ayant ouvert qu'un seul battant de la porte.

            Que dites-vous de *Tartuffe* — notre hôte ?

    (Dorine dresse l'oreille à ce nom.)

MARIANE, un peu étonnée et détachant bien les deux monosyllabes :

Qui ?.., — Moi ?...

ORGON, articulant très nettement :

Vous.

(Avertissement très grave.)

Voyez bien — comme vous répondrez.

MARIANE, très indifférente, et avec un joli sourire :

Hélas !... J'en dirai, moi, tout ce que vous voudrez.

ORGON, assez content de la réponse :

C'est parler sagement.

(D'un ton autoritaire, dictant ce que Mariane doit encore lui répondre :)

Dites-moi donc, ma fille,
Qu'en toute sa personne un haut mérite brille ;

D'une voix attendrie, comme si Mariane exprimait elle-même les sentiments dont il veut la voir animée :

Qu'il *touche* votre cœur, — et qu'il vous serait doux
De le voir — par mon choix, — devenir votre époux.

Mouvement de Dorine, restée au second plan : « Nous y voilà ! » La résolution d'Orgon ne la surprend pas.

Sur les derniers mots qu'a prononcés son père, Mariane, qui avait les yeux modestement baissés, les ouvre comme par sursaut. La surprise la tient immobile ; elle donne à croire qu'elle a mal entendu.

Quant à Orgon, sûr de sa fille, il s'est croisé tranquillement les mains, et attend avec quiétude sa réponse ; n'entendant rien, il tourne simplement la tête du côté de Mariane, sans changer d'attitude.

Hé !

MARIANE, même mouvement de sa part et même inflexion
d'interrogation :

Hé !

ORGON, plus accentué.

Qu'est-ce ?

MARIANE, doucement.

Plait-il ?

ORGON, impatient.

Quoi ?

MARIANE, certaine qu'elle a mal entendu.

Me suis-je méprise ?

ORGON, avec un peu de hauteur.

Comment ?

MARIANE, détachant bien chaque membre de phrase de sa question,
tant elle est sûre, comme elle vient de le dire, de s'être méprise :

Qui voulez-vous, — mon père, — que je dise
Qui me *touche le cœur ?* — et qu'il me serait doux
De voir, — *par votre choix*, — devenir mon époux ?

ORGON, très affirmatif.

Tartuffe.

MARIANE, vivement — « *Avec un empressement fort plaisant.* » (Indication
donnée dans la *Lettre sur l'Imposteur.*)

Il n'en est rien, mon père, je vous jure.

Transition. — Elle sourit. Son sourire, le ton de sa voix et un

léger mouvement d'épaules semblent reprocher à son père de
s'être moqué d'elle en voulant lui faire peur.

Pourquoi me faire dire une telle imposture ?

ORGON, d'un ton sévère, et qui exclut toute supposition de plaisanterie.

Mais JE VEUX que cela *soit* une vérité,

(Très durement.)

Et *c'est assez pour vous* — que je l'aie arrêté.

MARIANE, terrassée — levant sur son père un regard suppliant et d'une
voix mourante :

Quoi !... Vous voulez, mon père ?.....

ORGON, très ferme.

**Oui, — je prétends, ma fille,
Unir, *par votre hymen*, Tartuffe à ma famille.
Il sera votre époux —*j'ai résolu cela* ;**

Mariane accablée ne souffle plus mot; Orgon sent que la violence
du ton et de la voix est devenue inutile. Il détend l'un et l'autre,
et c'est avec un dédain profond pour la faible résistance de Mariane
qu'il dit l'hémistiche qui suit :

Et, comme sur vos vœux, je...

Il va continuer en lui tournant le dos; mais sa phrase et son
mouvement sont interrompus par la présence inattendue de
Dorine, qu'à sa grande surprise il trouve plantée à côté de lui, à sa
droite, les bras croisés, faisant face au public, dans une attitude
ferme et résolue qui fait pressentir la scène violente qui va avoir
lieu.

(D'un ton indigné, et dans le grave de la voix.)

Que faites-vous là ?...

(Avec force et autorité.)

**La curiosité qui vous presse est bien forte,
Ma mie — à nous venir *écouter* de la sorte.**

DORINE, opposant un très grand calme au ton emporté d'Orgon.
Accentuant avec lenteur chacun de ses membres de phrase :

Vraiment, — je ne sais pas — si c'est un bruit qui part
— De quelque conjecture — ou d'un coup de hasard[1] ;
Mais — de ce mariage on m'a dit la nouvelle ;

(Sans quitter son attitude, tournant la tête du côté d'Orgon, et avec un dédaigneux sourire :)

Et j'ai traité cela — de... *pure bagatelle.*

ORGON, irrité.

Quoi donc ! — La chose est-elle incroyable ?

DORINE, très calme, très nette et détachant bien ses mots :

A tel point, —
Que *vous-même* — *Monsieur* — je ne vous en crois point.

ORGON, un peu menaçant :

Je sais bien le moyen de vous le faire croire.

DORINE, incrédule, railleuse, lentement, le nez au vent.

Oui ! Oui !... — Vous nous contez une plaisante histoire !

ORGON, de plus en plus irrité du ton de Dorine :

Je conte justement ce qu'on verra dans peu.

DORINE, froidement moqueuse.

Chansons !

---

[1] J'ai entendu souvent Dorine, croyant rectifier une leçon défectueuse de son rôle, dire DU *hasard* au lieu de DE *hasard*. C'est une faute ; Molière n'entend pas parler du *Hasard*, « dieu méconnu » selon Beaumarchais, mais *d'un coup fortuit, comme celui* qui dans le jeu des dés espagnol « El aya » amenait avec les six dés six as, point gagnant, point triomphant. C'est ce que Génin a parfaitement démontré dans ses *Récréations philologiques*.

ORGON

Dédaigne de discuter plus longtemps avec Dorine; il se retourne vers sa fille, et prend un ton plus posé pour lui parler :

Ce que je dis, ma fille, n'est point jeu.

DORINE, *de sa place, sans bouger, et parlant en femme sûre de ce qu'elle dit — ton légèrement suffisant :*

Allez, ne croyez point à monsieur votre père :
Il raille.

ORGON, *se retournant vers Dorine — il veut se contenir.*

Je vous dis...

DORINE, *très convaincue, souriante et avec un léger mouvement d'épaules :*

Non — vous avez beau faire,
— On ne vous croira point.

ORGON, *éclatant.*

A la fin, mon courroux...

DORINE, *concédant de la voix et du geste, et avec une demi-déférence :*

Hé bien ! On vous croit donc.

Un temps. Ce premier hémistiche calme un peu Orgon, qui pense avoir réduit Dorine au silence. Le second :

Et c'est *tant pis pour vous.*

dit par Dorine avec vivacité, lui rend toute son humeur. Dorine poursuit, argumentant avec chaleur et séparant bien, pour leur donner plus de force, tous ses membres de phrase :

Quoi !... — se peut-il, monsieur, — qu'avec l'air d'homme sage,

TARTUFFE

— Et cette large barbe — au milieu du visage,
Vous soyez assez *fou* — pour vouloir...

Orgon a témoigné une impatience croissante à ce que vient de dire Dorine ; mais le mot *fou* est une insulte qui le fait éclater, il l'interrompt brusquement et vigoureusement :

ORGON

Écoutez : —
— Vous avez pris céans *certaines privautés*
Qui ne me plaisent point : (Menaçant.) Je vous le dis, ma mie.

DORINE, avec douceur et une apparente bonhomie :

Parlons sans nous fâcher, monsieur, je vous supplie.

Même jeu que précédemment ; Orgon pense avoir éteint le feu de Dorine, qui, après un temps, reprend en relevant le ton :

Vous moquez-vous des gens — d'avoir fait ce complot ?

Ce *vous moquez-vous des gens ?* qui est une nouvelle insolence, exaspère Orgon ; mais Dorine est lancée, il est difficile de faire taire cette fille, qui parle avec une volubilité éloquente, et qui de plus dit des choses justes :

Votre fille — n'est point l'affaire *d'un bigot :*
Il a d'autres emplois auxquels il faut qu'il pense.
Et puis, — que vous apporte une telle alliance ?
A quel sujet, — aller — avec tout votre bien,
    (Avec force.)
Choisir un GENDRE GUEUX... ?

ORGON, avec emportement :

Taisez-vous. — (Avec hauteur.) S'il *n'a rien*,
Sachez que *c'est par là* — qu'il faut qu'on le révère.
    Cherchant le pathétique :
Sa misère est sans doute une *honnête misère.*

Au-dessus des grandeurs elle doit l'élever,
Puisque enfin de son bien il s'est laissé priver

(Dédaigneux.)

Par son trop peu de soin des choses temporelles;

(Opposition, piété mêlée de fierté :)

Et sa puissante attache aux choses éternelles.

(Revenant au ton de la conversation, et précisant tout ce qu'il dit comme un projet bien arrêté chez lui :)

Mais — mon secours — pourra lui donner les moyens
De *sortir d'embarras*, — et rentrer dans ses biens :
Ce sont *fiefs* — qu'à bon titre — au pays on renomme;
Et, — tel que l'on le voit, — *il est bien gentilhomme*.

DORINE, narquoise :

Oui, — c'est LUI qui le dit;

(Changeant de ton, donnant une intention sérieuse à la remarque très fine qu'elle va faire et qui devrait frapper un homme moins prévenu qu'Orgon :)

Et cette vanité,
Monsieur, *ne sied pas bien* avec la *piété*.
Qui *d'une sainte vie* embrasse l'innocence,
Ne doit pas tant *prôner*, *son nom*, et sa *naissance*;
Et l'*humble* procédé de la *dévotion*
Souffre mal — les éclats — de cette ambition.

(S'animant :)

A quoi bon cet orgueil ?...

(Mouvement irrité d'Orgon. Transition. Dorine, sans rien perdre de sa fermeté, baisse le ton.)

Mais ce discours vous blesse!

(Paraît-il.)

(Eh bien !)

Parlons — de sa personne, — et *laissons* sa noblesse.

Avec chaleur, avec bonté; c'est presque avec l'accent d'une mère que Dorine va défendre Mariane qu'on peut croire, avec Picard qu'elle a élevée.

Ferez-vous possesseur, sans quelque peu d'ennui,

(Avec tendresse.)

D'une fille *comme elle* (Indignée) un homme *comme lui*?
Et ne devez-vous pas *songer* aux bienséances,
Et de cette union *prévoir* les conséquences ?

(Avertissement très grave :)

Sachez que d'une fille *on risque la vertu*
Lorsque, dans son hymen, *son goût* est combattu,

(Même ton plus accentué :)

Que le dessein d'y vivre *en honnête* personne
Dépend des qualités du *mari qu'on lui donne ;*

(Graduant :)

Et que *ceux* dont *partout* on montre au *doigt le front,*
Font leurs femmes souvent...

Elle retient tout à coup sur ses lèvres le mot que dans la vivacité de sa parole elle allait laisser échapper, et donne comme une sorte d'équivalent et avec un léger emportement, comique parce qu'il ne rend qu'imparfaitement sa pensée, l'hémistiche qui suit :

ce qu'on voit qu'elles sont.

Elle poursuit, avec plus de chaleur et de conviction :

Il est bien difficile, enfin, d'être fidèle
A de certains maris — faits — d'un certain modèle [1] ;

---

[1] Cailhava dans ses *Etudes sur Molière* dit, après une représentation de *Tartuffe* à laquelle il a assisté, qu'il est regrettable que l'actrice qui jouait Dorine ait fait de ces vers une application à Orgon. Cette actrice était alors Mme Devienne, et la passion de Cailhava contre Molé et contre tous les comédiens qui refusaient ses pièces est si notoire qu'on pourrait douter qu'une femme de tant de talent pût commettre une telle faute ; mais elle est attestée

Et qui donne à sa fille un homme *qu'elle hait*
Est responsable — AU CIEL — des fautes qu'elle fait.

Transition ; sans emportement, c'est à Orgon, espérant l'avoir convaincu, qu'elle semble s'intéresser :

Songez *à quels périls* votre dessein vous livre.

ORGON, outré — levant les épaules :

Je vous dis qu'il me faut apprendre d'elle à vivre !

DORINE, gravement, mais sans interrompre le mouvement :

Vous n'en feriez que mieux de suivre mes leçons.

ORGON, avec un peu d'impatience, et voulant terminer le débat :

Ne nous *amusons* point, ma fille, *à ces chansons.*
Je *sais* ce qu'il vous faut, et je suis votre père.
(Avec quelque insouciance :)
J'avais donné pour vous ma parole à Valère ;
(Plus d'importance en accusant Valère :)

---

par Auger dans l'édition qu'il a donnée des Œuvres de Molière : « Les actrices, a-t-il écrit, qui en disant ces deux vers :

Il est bien difficile, enfin, d'être fidèle
A de certains maris, faits d'un certain modèle,

regardent Orgon de la tête aux pieds avec une grimace de mépris, font une insolence gratuite qui n'est ni dans l'intention de l'auteur, ni dans l'esprit du rôle. Dorine prend beaucoup de libertés avec son maître, elle lui parle même impertinemment ; mais elle lui est attachée, et n'a pour lui ni dédain ni dégoût.

L'observation de Cailhava a-t-elle corrigé Mme Devienne ? Je ne sais ; mais je devais la consigner ici, et les actrices qui joueront Dorine devront en faire cas.

[1] Il y a dans les Œuvres de Béranger une chanson adressée à Mme G... : *la Maison de santé*, où se trouvent ces deux vers :

« Molière a terminé sa vie
Entre deux sœurs de Charité. »

Mme G... était Mme Devienne, qui, retirée du théâtre, avait épousé M. Gévaudan, député de Paris.

Mais, outre *qu'à jouer* on dit qu'il est enclin,
Je le soupçonne encor d'être un peu *libertin* :

(Mouvement de Mariane.)

Je ne remarque point qu'il hante les églises.

DORINE, excitée — sa question, en forme de reproche, débitée rapidement et d'un seul trait :

Voulez-vous qu'il y coure à vos heures précises,
Comme ceux qui n'y vont que pour être aperçus ?

ORGON, se retournant, et dans l'inflexion de Dorine et avec la même volubilité :

Je ne demande pas votre avis là-dessus !

Temps d'arrêt. — Dorine, dépitée, se croise les bras et ronge son frein. Orgon, qui a momentanément le dessus, revient à sa fille, et reprend les exhortations qu'il lui adresse d'un ton plus reposé :

Enfin, — avec le Ciel — l'autre est le mieux du monde,
Et c'est une richesse à nulle autre seconde.

Onctueux :

Cet hymen — de tous biens — comblera vos désirs,
Il sera *tout confit* en douceurs et plaisirs.
Ensemble — vous vivrez, — dans vos ardeurs fidèles,

(Avec innocence :)

Comme *deux vrais enfants*, — comme *deux tourterelles* ;
A nul fâcheux débat jamais vous n'en viendrez,
Et vous ferez de lui *tout* ce que vous voudrez.

DORINE, les dents serrées, ironiquement, avec une colère sourde.

Elle ? — Elle n'en fera qu'un *sot*, — je vous assure.

ORGON, se retournant.

Ouais !... Quels discours !

DORINE, sans bouger de place ; accentuant, lenteur impertinente.

Je dis — qu'il en a l'encolure,
Et que *son ascendant* — monsieur, — l'emportera
Sur *toute la vertu* — que votre fille aura.

ORGON, avec force et autorité.

Cessez de m'interrompre, — et *songez* à vous taire,
Sans *mettre votre nez* — où vous n'avez que faire.

DORINE, voulant se contenir ; l'agitation fébrile de ses doigts indique son impatience.

Je n'en *parle*, monsieur, — que pour votre intérêt.

ORGON, colère :

C'est prendre trop de soin ; — *Taisez-vous*, s'il vous plaît.

DORINE, rageuse en dedans :

Si l'on ne vous aimait...

ORGON, furieux.

Je ne veux pas qu'on m'aime.

DORINE, éclatant.

Et je veux vous aimer, monsieur, — malgré vous-même.

ORGON, hors de lui.

Ah !...

DORINE, continuant, avec chaleur.

Votre honneur m'est cher, — et je ne puis souffrir
Qu'aux *brocards* d'un chacun — vous alliez vous offrir.

ORGON, étourdi par la colère.

Vous ne vous tairez point !...

DORINE, loin de se taire, poursuit avec une véhémence croissante :

C'est une conscience
Que de vous laisser faire une telle alliance.

ORGON

(Au comble de l'exaspération, il marche menaçant sur Dorine en parlant : Celle-ci recule.)

Te tairas-tu, *serpent*, — dont les traits effrontés...

(Mariane, inquiète de l'emportement de son père, le suit d'un pas ou deux pour le calmer.)

DORINE, hypocritement effrayée, pousse un cri et dit avec force le premier hémistiche :

Ah ! vous *êtes dévot*...

Puis baissant subitement le ton qui prend un caractère tout à la fois de honte et de reproche rappelant Orgon à lui-même :

Et — vous — vous emportez !

ORGON

Dorine a réussi, Orgon vient de pécher... il le sent, s'arrête, ôte son chapeau, ferme subitement les yeux, dans un mouvement de contrition, puis après s'être recouvert et recueilli, il reprend d'un ton plus composé :

Oui : — ma bile s'échauffe — à toutes ces fadaises ;
Et — tout résolument, — *je veux* — que tu te taises.

DORINE, ramenée au diapason d'Orgon :

Soit. — Mais *ne disant mot*, — je *n'en pense* pas moins.

ORGON, dans une inflexion bien accentuée et lentement :

Pense — si tu le veux ;

(Menace contenue :)

mais applique tes soins
A ne m'en point parler, ou...

(Cet *ou* est menaçant... Dorine regarde Orgon qui ne juge pas à propos de se mieux expliquer. Dorine doit le comprendre.)

Suffit.

(Il quitte Dorine, revient lentement vers sa fille et commence un discours, qu'après l'avertissement qu'il vient de donner à Dorine, il aura, pense-t-il, le loisir d'achever.)

Comme sage,
J'ai pesé mûrement toutes choses.

DORINE, dans le coin du théâtre, à droite de l'acteur, les bras croisés, comme se parlant à elle-même, mais dans la maligne intention d'être entendue d'Orgon, et de contrecarrer son exhortation :

J'enrage
De ne pouvoir parler.

ORGON

Sur cette interruption tourne lentement la tête du côté de Dorine. Il est forcé de reconnaître que, selon ses ordres, « elle applique ses soins à ne lui pas parler, » elle se parle à elle-même et, par le fait, ne lui désobéit point. Il comprend l'artifice, mais est-il en droit de le punir ? Après un silence, il retourne la tête du côté de Mariane et poursuit d'un ton contenu où l'on sent sourdre la colère :

Sans être damoiseau,
Tartuffe est fait de sorte...

DORINE, même attitude, même physionomie, même lenteur agaçante pour Orgon :

Oui,

(Ce mot doit être naturellement émis comme au son de diphtongue ; à l'actrice de lui donner de l'impertinence en ne le prononçant cependant pas d'une façon trop brève.)

c'est un *beau* museau !

ORGON

Nouvel arrêt sur cette nouvelle interruption. Nouveau tour de tête et regard lancé à Dorine, mais il veut épuiser sa patience, et continuant de s'adresser à sa fille avec un calme affecté :

Que, quand tu n'aurais même aucune sympathie
Pour tous les autres dons...

DORINE, continuant de son côté son soliloque, pesant tous ses mots, le nez en l'air, et avec un mouvement lent et balancé du corps qui semble indiquer un vague murmure de la pensée :

La voilà *bien lotie !*
— Si j'étais en sa place, — un homme — assurément
Ne m'épouserait pas de force — *impunément ;*
Et je lui ferais voir, — bientôt — après la fête,
Qu'une femme — a toujours — une vengeance prête.

(Ces deux derniers vers avec beaucoup de grâce et de douceur.)

ORGON

Au premier mot qu'a dit Dorine, il laisse tomber sa tête et ses bras avec accablement ; le lion est visiblement fatigué de sa lutte avec le moucheron. Comment l'écrasera-t-il ? Il se rassemble, s'approche lentement de Dorine, lui laisse, avec une tranquillité apparente, finir ce que celle-ci semble se complaire à détailler, et quand elle a terminé, il la fait du bout du doigt pivoter avec lenteur de son côté et la place ainsi vis-à-vis de lui face à face. Dorine se prête avec une docilité qui semble inconsciente à ce mouvement. Il la regarde fixement entre les deux yeux et lui dit en précisant bien sa question :

Donc, — de ce que je dis — on ne fera nul cas ?

DORINE, très calme et avec une douceur innocente :

De quoi vous plaignez-vous ? Je ne vous parle pas.

ORGON, après un temps — très incisif :

Qu'est-ce que tu fais donc ?

DORINE, finesse malicieuse :

Je me parle — à moi-même.

ORGON à bouche ouverte ; feignant de prendre comme une révélation la réponse de Dorine :

Fort bien !

Il retourne lentement près de Mariane, retrousse avec précaution de la main gauche la manche de sa main droite, laquelle main, pendante, doit paraître inerte et lourde, et murmure entre ses dents :

Pour *châtier* son insolence extrême,
Il faut que je lui donne un *revers* de ma main.

(Dorine qui l'observe du coin de l'œil a parfaitement compris le mouvement qu'Orgon croit avoir dissimulé ; un sourire narquois indique qu'elle est sur ses gardes ; elle se rapproche néanmoins de son maître qui lui tourne le dos pour parler à Mariane.)

ORGON, d'un ton ferme.

Ma fille,
(Épiant de l'œil Dorine, mais sans se retourner complètement.)

vous devez approuver mon dessein...

Dorine, de la main, fait à Mariane, par-dessus l'épaule d'Orgon, le signe de résister; Orgon se retourne brusquement; mais Dorine, sans broncher, change immédiatement et avec sang-froid l'intention de son geste, elle écarte de son front et de sa main restée en l'air, une mèche de cheveux qui la gênait, et rajuste tranquillement sa coiffe. Ce mouvement, exécuté avec le naturel le plus simple, oblige forcément Orgon à se contraindre; en frappant Dorine, ne serait-il pas le plus brutal et le plus injuste des maîtres? Il jette sur elle un regard de travers, et continue son discours:

Croire que le mari...

Il s'interrompt tout aussitôt et se retourne encore voulant absolument prendre Dorine en faute; il s'est trop pressé, Dorine réprime le mouvement à peine commencé, et n'oppose au regard furibond de son maître qu'un visage calme et plein de douceur. Orgon peut-il lui reprocher de la désobéissance ou de l'insolence? Non, s'il éclatait, il serait dans son tort; il faut donc, malgré la fureur intérieure qui le possède, qu'il se contraigne de nouveau, et c'est d'une voix profondément altérée qu'il dit:

... que j'ai su vous élire...

Cette fois il a surpris à la dérobée le geste que l'opiniâtre Dorine fait à Mariane; il ébauche par un mouvement d'épaule le revers de main qu'il s'est promis d'appliquer à Dorine; celle-ci l'arrête en chemin tout aussitôt, par une nouvelle interprétation donnée à sa gesticulation. Pleine d'attention pour son maître, elle vient d'apercevoir sur son épaule un cheveu ou un duvet qu'elle prend délicatement entre deux doigts, qu'elle souffle dans l'air et qu'elle suit de l'œil dans l'espace. Orgon, comme paralysé par ce manège qui a encore tout le caractère de l'innocence, prend le parti de dissimuler sa rage; il se croise les bras et dit à Dorine en affectant le plus grand calme:

Que ne te parles-tu?

DORINE, qui s'est aussi croisé les bras, tranquille, souriante, et tournant la tête seule du côté d'Orgon:

Je n'ai rien à me dire.

ORGON, ironique et provocateur :

Encore un petit mot.

DORINE, simple et innocente :

Il ne me plaît pas, moi.

ORGON, menaçant et entre ses dents :

Certes, je t'y guettais.

DORINE, finement et gaiement :

Quelque sotte, ma foi !...

(Après ces mots, elle ramasse ses jupes comme quelqu'un qui se prépare à courir; elle recule de trois ou quatre pas pour se tenir hors de la portée d'Orgon.)

ORGON, avec confiance et autorité (il pense avoir éteint le feu de Dorine) :

Enfin, ma fille, il faut payer d'obéissance,
Et montrer pour mon choix entière déférence.

DORINE, criant, en s'enfuyant :

Je me moquerais fort de prendre un tel époux.

Elle s'esquive par la porte à la droite de l'acteur.

ORGON

Dès que la voix de Dorine éclate, Orgon, qui croit sa suivante tout près de lui, décrit de droite à gauche un large mouvement de bras qui doit donner au revers de sa main une lourdeur sensible; mais sa main, lancée à toute volée, frappe dans le vide; entraîné par la violence de son mouvement, il tournoie sur lui-même, trébuche, et peu s'en faut qu'il ne tombe; étourdi, remis sur ses jambes, il est sans haleine, la colère le suffoque, et il ne peut plus parler que par mots entrecoupés:

Vous avez là... ma fille... *une peste* avec vous,
Avec qui... *sans péché*... je ne saurais plus vivre.

(Il a tiré son mouchoir et s'éponge le front.)

Je me sens hors d'état... maintenant de poursuivre,
Ses discours *insolents*... m'ont mis l'esprit en feu,

(Accablé, il s'évente.)

Et je vais prendre l'air... pour me rasseoir un peu.

Il sort, à pas mal affermis, par la porte du fond.

SCÈNE III

DORINE, MARIANE

Dès qu'Orgon a disparu, Dorine, qui a guetté sa sortie, se montre avec précaution à la porte de droite. Certaine qu'Orgon n'est plus avec sa fille, elle remonte rapidement vers la porte par où Orgon vient de sortir, en entr'ouvre un battant pour s'assurer que son maître est loin, et redescend vivement en scène : puis s'adressant à Mariane d'un ton ferme, vif et mécontent:

Avez-vous donc perdu, dites-moi, la parole ?
Et faut-il — qu'en ceci — je fasse votre rôle ?
Souffrir qu'on vous propose un projet *insensé*,
Sans que du *moindre mot* — vous l'ayez repoussé ?

MARIANE, douceur découragée.

Contre un père *absolu* que veux-tu que je fasse ?

DORINE, très vigoureusement, presque avec l'accent d'un juron :

Ce qu'il faut — pour parer une telle menace !

MARIANE, languissante.

Quoi ?

DORINE, ferme et résolue.

Lui dire : — Qu'un cœur *n'aime point* par autrui ;
Que vous vous mariez — *pour vous,* — non pas *pour lui ;*
Qu'*étant celle,* — pour qui se fait toute l'affaire,

(Accentuant davantage.)

C'est à vous — non *à lui* — que le mari doit plaire ;
Et que si *son Tartuffe* — est pour lui *si charmant,*

(Avec une humeur mélangée de dédain et de colère.)

Il *le peut épouser* — sans nul empêchement :

MARIANE, chagrine et craintive.

Un père, — je l'avoue, — a sur nous tant d'empire,
Que je n'ai jamais eu *la force* de rien dire.

DORINE, voulant se calmer.

Mais raisonnons. — *Valère* — a fait pour vous des pas.

(Prononçant bien l'interrogation :)

L'aimez vous, je vous prie ? — *ou ne l'aimez-vous pas ?*

MARIANE, indignée dans sa douceur :

Ah ! — Qu'envers mon amour, — *ton injustice* est grande,
Dorine ! — Me dois-tu faire cette demande ?
T'ai-je pas — là-dessus — ouvert cent fois mon cœur ?
Et sais-tu pas, — pour lui, — jusqu'où va mon ardeur ?

DORINE, haussant les épaules et un peu emportée.

Que sais-je — si le cœur a parlé par la bouche —
Et si c'est *tout de bon,* — que cet amant vous touche ?

MARIANE, plus sérieuse.

Tu me fais un grand tort, Dorine, — d'en douter ;
Comme un reproche qu'elle s'adresse :
Et m'es *vrais sentiments* — ont su trop éclater.

DORINE, positive, et s'apprêtant à tirer une conséquence de ce que Mariane va lui répondre :

Enfin, — *vous l'aimez* donc ?

MARIANE, très douce :

Oui, d'une ardeur extrême.

DORINE, continuant sa question comme si Mariane ne pouvait opposer de contradiction à ce qu'elle dit :

Et, — selon l'apparence — il vous aime de même ?

MARIANE, ingénue dans sa tendresse :

Je le crois.

DORINE, la pressant plus vivement encore :

Et tous deux — brûlez également
De vous voir *mariés ensemble ?*

(L'intention de la question doit faire entendre : *N'est-ce pas ?*)

MARIANE, très affirmative :

Assurément.

DORINE

Question qui semble dire : Expliquez-vous alors, car je n'y comprends plus rien :

Sur cette autre union quelle est donc votre attente ?

MARIANE, interloquée, répond après une très petite réflexion d'un ton peu en accord avec l'action qu'elle annonce :

De me donner la mort, — si l'on me violente.

DORINE, émerveillée et avec une approbation des plus ironiques :

Fort bien !... — C'est un recours où je ne songeais pas :
Vous n'avez — *qu'à mourir* — pour sortir d'embarras.
(Avec admiration.)
Le remède sans doute est *merveilleux !*
(Changeant de ton brusquement, accent de colère :)
            J'enrage —
Lors que j'entends tenir *ces sortes* de langage.

MARIANE, ton de reproche chagrin :

Mon Dieu ! de *quelle humeur*, Dorine, tu te rends !
Tu ne compatis point aux déplaisirs des gens.

DORINE, emportée :

Je ne compatis point — à qui dit des sornettes,
Et dans l'occasion, — *mollit* comme vous faites.

MARIANE, faiblement :

Mais que veux-tu ? Si j'ai de la timidité...

DORINE, vigoureusement :

Mais l'amour — dans un cœur, — *veut* de la fermeté.

MARIANE, avec reproche et un peu boudeuse :

Mais n'en gardé-je point pour les feux de Valère ?
Et n'est-ce pas *à lui* de m'obtenir d'un père ?

TARTUFFE

DORINE a de la peine à se contenir, et toutefois raisonne pour entraîner Mariane à la révolte :

Mais quoi ! — si votre père est un *bourru fieffé*,
Qui s'est de *son Tartuffe* entièrement coiffé,
Et *manque* à l'union qu'il avait arrêtée,
La faute — à votre amant — doit-elle être imputée ?

MARIANE

En fille bien élevée, Mariane doit être choquée des termes de *fou fieffé* qu'emploie Dorine en parlant de son père ; elle trouve, en outre, que sa suivante veut l'entraîner plus loin que les convenances ne le permettent ; ses sentiments sont plus délicats que ceux de Dorine, et c'est avec une nuance de résistance qu'elle répond :

Mais, par un *haut refus*, et *d'éclatants* mépris
Ferai-je, — dans mon choix, — voir un cœur trop épris ?
Sortirai-je pour lui, — quelque éclat dont il brille,
De la pudeur du sexe — et du *devoir de fille* ?

(Avec un peu plus de force :)

Et veux-tu — que mes feux — *par le monde étalés ?*...

DORINE très ironique :

Non, non, *je ne veux rien*. — Je vois que vous voulez
Être à... *Monsieur* Tartuffe ; — Et j'aurais — quand j'y pense,
Tort de vous détourner *d'une telle alliance*.
Quelle raison aurais-je à combattre vos vœux ?
Le parti — de soi-même — est fort avantageux.

(Se rengorgeant.)

Monsieur Tartuffe ! — *Oh ! oh !*

(Les deux exclamations très retroussées et moqueuses.)

                                    N'est-ce rien qu'on propose ?

Certes, *Monsieur Tartuffe*

(Le *Monsieur*, toujours très respectueusement moqueur.)

à bien prendre la chose,
N'est pas un homme, — *non*, — qui se mouche du pied [1],
Et ce n'est pas peu d'heur que *d'être sa moitié*.

(Fastueuse et ironique.)

Tout le monde déjà de gloire le couronne ;
Il est *noble* chez lui, — *bien fait* de sa personne ;
Il a l'oreille rouge, et le teint bien fleuri ;

(Amèrement moqueuse.)

Vous vivrez *trop contente*, avec un tel mari.

MARIANE, larmoyante.

Mon Dieu !...

DORINE, poursuivant dans le même ton.

Quelle allégresse aurez-vous dans votre âme,
Quand d'un époux — *si beau* — vous vous verrez la femme !

---

[1] *Ne pas se moucher du pied.* Voici l'explication que le *Dictionnaire des proverbes*, qui ne fait que répéter la définition déjà produite par le *Dictionnaire de Trévoux*, donne de cette locution : — « Un homme qui ne pourrait se moucher que du pied n'aurait pas le nez propre, et par cela même son odorat ne serait pas subtil. Au moral, il se dit d'un homme fin ; c'est la traduction burlesque du proverbe latin : *Homo emunctæ naris.* » Cette étrange explication, adoptée par l'Académie dans la 4ᵉ édition de son Dictionnaire, en a disparu dans la 5ᵉ.
Mais il ne s'agit pas ici pour Dorine de la finesse de Tartuffe : elle n'entend pas parler de son habileté, mais de son importance, de sa position dans le monde qu'elle tourne en dérision. « Un des tours familiers des anciens saltimbanques, dit Génin dans ses *Récréations philologiques*, consistait à se saisir le pied à deux mains, et à se le passer vivement sous le nez. De là cette façon de parler triviale pour dire un homme grave, digne et considérable : *C'est un homme qui ne se mouche pas du pied.* »

MARIANE, émue et suppliante.

Ho ! cesse, je te prie, un semblable discours ;
Et — *contre cet hymen* — ouvre-moi du secours.
(Avec une certaine résolution et d'un ton plus vif.)
C'en est fait, — je me rends, — et suis prête à tout faire.

DORINE, accent très ferme.

Non, — il faut qu'une fille *obéisse* à son père,
Voulût-il lui donner... (Quoi ?) *un singe* pour époux.
(Revenant à l'ironie.)
Votre sort est fort beau : — de quoi vous plaignez-vous ?
(Description ironique :)
Vous irez par *le coche* — en sa petite ville,
Qu'en oncles et cousins vous trouverez fertile,
Et vous vous *plairez fort* à les entretenir. —
D'abord — chez le *beau monde* on vous fera venir :
Vous irez visiter, — pour votre bienvenue,
(Singeant une présentation, et saluant par une révérence cérémonieuse :)
Madame la Baillive
(Nouvelle révérence :)
                     et madame l'Elue [1].
(Condescendance hautaine :)
Qui d'un *siège pliant* vous feront honorer.
Là — dans le carnaval, — vous pourrez espérer
Le bal et la grand'bande [2] — à savoir... deux musettes,

---

[1] Les Élus étaient des magistrats chargés de juger les contestations élevées au sujet de quelques impositions.

[2] Le grand orchestre de la ville.

Et parfois... (Qui sait ? ô comble de plaisirs !)
        Fagotin[1] — et les marionnettes !

Réticence accentuée, car enfin l'époux de Mariane pourra bien trouver une telle fête trop luxueuse et trop mondaine :

Si pourtant votre époux...

MARIANE, dont le malaise s'accroît à chaque parole de Dorine, l'interrompt accablée :

        Ah !... tu me fais mourir.
De tes conseils plutôt songe à me secourir.

    DORINE, faisant la révérence :

Je suis votre servante.

(Elle lui tourne le dos, et remonte la scène en l'arrondissant, à pas lents et mesurés.)

    MARIANE, la suivant :

        Hé ! Dorine, — de grâce...

DORINE, sourde à la prière de Mariane, continue sa promenade sans se retourner ; donnant du poids à sa phrase :

Il faut, — *pour vous punir*, — que cette affaire passe.

    MARIANE, la suivant toujours et suppliante :

Ma pauvre fille !

    DORINE

    Non !

---

[1] Singe célèbre dans les foires du xviie siècle, et dont le nom a été adopté comme type du genre par Lafontaine et autres écrivains.

TARTUFFE

MARIANE, même inflexion :

Si mes vœux déclarés...

DORINE

Dans le mouvement tournant que viennent d'opérer Dorine et Mariane, Dorine se trouve numéro 1 et Mariane numéro 2. Dorine s'arrête, et avec une note entêtée, dit à Mariane :

Point. — *Tartuffe est votre homme,* — et vous en tâterez.

(Que l'actrice insiste sur *Tartuffe est votre homme*, et ait l'air de négliger le second hémistiche, qui aura toujours de la force, quel que soit le ton qu'elle emploiera. Ce sera montrer du goût, sans perdre un effet.)

MARIANE, presque en pleurs :

Tu sais qu'à toi toujours je me suis confiée :
Fais-moi...

DORINE, cruelle, et, sur son dernier mot, semblant de sa main droite aplatir Mariane comme un insecte sur la paume de sa main gauche.

Non — Vous serez ma foi... tartuffiée.

MARIANE

A ce dernier trait qui excède tout ce qu'elle peut endurer, Mariane, immobile, renfonce ses larmes ; le ton de sa voix prend de la gravité, et exprime une douleur pleine de résolution :

Hé bien ! — puisque mon sort ne saurait t'émouvoir,
Laisse-moi désormais — toute à mon désespoir.
C'est de lui que mon cœur empruntera de l'aide ;
Et je sais de mes maux l'infaillible remède.

(Elle remonte la scène pour sortir.)

DORINE, vivement, changement de ton, condescendant et compatissant :

Hé ! hé, là, revenez.

(Mariane s'arrête et reste au fond, à sa place.)

L'accent de Dorine est tout autre ; il devient maternel, elle a été brutale, elle a fait pleurer l'enfant qu'elle aime, elle doit maintenant chercher à consoler celle qu'elle veut voir heureuse :

Je quitte mon courroux.
Il faut — nonobstant tout, (touchante) avoir pitié de vous.

MARIANE, redescendant vivement à la gauche de Dorine et avec entraînement :

Vois-tu, — si l'on m'expose à ce cruel martyre,
— Je te le dis, Dorine — il faudra que j'expire.

DORINE, avec intérêt.

Ne vous tourmentez point. — On peut adroitement
Empêcher... Mais voici Valère, votre amant.

SCÈNE IV

VALÈRE, MARIANE, DORINE un peu au fond du théâtre.

VALÈRE

Il entre par la porte à la droite de l'acteur. Il salue aisément et respectueusement Mariane, de grand air, sa figure est riante, il apporte une nouvelle qu'il croit fausse et qui l'amuse[1].

[1] « Grandval s'annonçait en riant, et disait, du ton le plus dissuadé d'avance :

« On vient de débiter, Madame, une nouvelle... etc. »

Que l'on se figure à quel point le spectateur, instruit des projets d'Orgon, s'amusait et de la sécurité de l'amant et de la surprise qui devait lui succéder. » (Cailhava, *Études sur Molière*.)

On vient de débiter, Madame, une nouvelle
Que je ne savais pas, et qui sans doute est belle.

MARIANE

Quoi ?

VALÈRE, joyeusement :

Que vous épousez Tartuffe.

MARIANE, chagrine :

       Il est certain
Que mon père — s'est mis en tête ce dessein.

« Dans la terreur où les menaces de son père et la surprise où ses nouveaux desseins l'ont jetée, Mariane ne répond que faiblement et comme en tremblant. » (*Lettre sur l'Imposteur.*)

VALÈRE, saisi :

Votre père... Madame !...

MARIANE, dans sa note précédente :

      a changé de visée :
La chose vient, par lui, de m'être proposée.

VALÈRE, de plus en plus étonné :

Quoi !... sérieusement ?

MARIANE, affirmative, et dans le même accent chagrin.

      Oui, sérieusement.
Il s'est — pour cet hymen — déclaré hautement.

VALÈRE

Dans la question qu'il va adresser à Mariane, Valère laisse percer la confiance qu'il a de ses sentiments à son égard : elle a dû résister et elle résistera aux volontés de son père, il n'en doute pas :

Et quel est le dessein où votre âme s'arrête,
Madame ?

MARIANE

qui vient de déclarer à Dorine qu'elle mourra plutôt que de consentir à épouser Tartuffe, et « qui garde son cœur pour les feux de Valère », n'est en peine que sur la manière dont elle résistera à son père ; c'est ce qu'elle entend exprimer, en répondant, après un petit temps :

Je ne sais.

VALÈRE

Il est surpris ; il s'attendait à une parole de protestation d'amour ou d'opposition aux volontés paternelles. Sa question provoquait une réponse tendre ou romanesque ; celle qui lui est faite marque une hésitation qu'il interprète de travers, et il s'en montre tout aussitôt très mécontent :

La réponse est honnête.

(Très interrogatif :)
Vous ne savez ?

MARIANE, ne s'aperçoit pas du changement de ton de Valère, et reprend avec innocence :

Non.

VALÈRE, de plus en plus piqué :

Non ?

MARIANE, très naïvement :

Que me conseillez-vous ?

VALÈRE, d'un ton pincé :

Je vous conseille, *moi*, — de prendre cet époux.

MARIANE, très étonnée — mais sans fâcherie :

Vous me le conseillez ?

VALÈRE, très ferme.

Oui.

MARIANE, dont l'étonnement redouble et chez qui commence à percer l'irritation :

Tout de bon ?

VALÈRE, dans le même sentiment, et accentuant bien sa moquerie :

Sans doute.
Le choix est *glorieux* — et *vaut bien* qu'on l'écoute.

MARIANE, sentant la piqûre et très susceptible aussitôt :

Hé bien ! — c'est un conseil, Monsieur, *que je reçois*.

VALÈRE, riposant.

Vous n'aurez pas grand'peine *à le suivre*, je crois.

MARIANE, s'animant davantage :

Pas plus qu'à le donner en a souffert votre âme.

VALÈRE, très vivement :

Moi, — je vous l'ai donné pour vous plaire, Madame.

MARIANE, tout à fait montée — et dans la même inflexion que Valère :

Et moi, — je le suivrai pour vous faire plaisir.

DORINE, dans son coin, croisant les bras en souriant, comme pour jouir à son aise d'une escarmouche dont elle ne redoute pas les suites :

Voyons ce qui pourra de ceci réussir.

VALÈRE, reprenant avec élan et indignation :

C'est donc ainsi qu'on aime !

Mais l'amour perce dans ce qui suit, et l'amour s'y fait déjà sentir :

       Et c'était tromperie
Quand vous...

MARIANE, outrée, interrompant vivement.

    Ne parlons pas de cela, je vous prie.
— Vous m'avez dit *tout franc* que je dois accepter
Celui — que pour époux — on me veut présenter ;

(Rappelez-vous, Monsieur, que vous m'avez dit cela !)
Et comme une réponse à ces trois vers :

Et je déclare, *moi*, — que je prétends le faire
Puisque vous m'en donnez le conseil salutaire.

VALÈRE, chaleureusement :

Ne vous excusez point sur mes intentions : —
Vous aviez déjà pris vos résolutions ; —
Et vous vous saisissez d'un prétexte frivole
Pour vous autoriser à manquer de parole.

MARIANE, d'un petit ton ferme et saccadé.

Il est vrai ; — c'est bien dit.

VALÈRE, reproche où l'on sent moins la colère que la tendresse :

      Sans doute ; — et votre cœur
N'a *jamais eu pour moi* de véritable ardeur.

TARTUFFE

MARIANE, moins colère, le ton doit être l'écho de celui de Valère :

Hélas ! permis à vous d'avoir cette pensée.

VALÈRE, relevant le ton, l'irritation reparaît :

Oui, oui, *permis à moi ;* mais mon âme offensée
Vous préviendra peut-être en un pareil dessein ;
Et *je sais* où porter et mes vœux et ma main.

MARIANE, railleuse :

Ah ! Je n'en doute point ; — et les *ardeurs* qu'excite
Le mérite...

VALÈRE, se sent accusé de fatuité ; il coupe court avec impatience à la raillerie de Mariane :

Mon Dieu !... laissons-là le mérite :
J'en ai fort peu sans doute, — et vous en faites foi. —
Mais j'espère — aux bontés — qu'une autre aura pour moi,
Et j'en sais — de qui l'âme, — à ma retraite ouverte,
Consentira, sans honte, — à réparer ma perte.

MARIANE, toujours animée.

La perte n'est pas grande ; — et de ce changement
Vous vous consolerez assez facilement.

VALÈRE, très excité :

J'y ferai mon possible ; — et vous le pouvez croire.
Un cœur qui nous *oublie* — engage notre gloire ;
Il faut à *l'oublier* — mettre aussi tous nos soins :
Si l'on n'en vient à bout, — on le doit feindre au moins,
Et cette *lâcheté* jamais ne se pardonne
De *montrer de l'amour* pour qui nous abandonne.

MARIANE

(Elle ne veut pas voir ce que le discours de Valère renferme encore implicitement d'amour pour elle, et ne partage que son excitation.)

Ce sentiment, sans doute, est noble et relevé.

VALÈRE, très vif.

Fort bien ; — et d'un chacun il doit être approuvé.

(Transition — accent profond de reproche :)

Hé quoi ! Vous voudriez — qu'à jamais, — dans mon âme,
Je gardasse pour vous les ardeurs de ma flamme,
Et vous visse, — *à mes yeux*, — passer en d'autres bras,
Sans mettre ailleurs un cœur dont vous ne voulez pas !

MARIANE, exagérée, emportée par l'irritation :

Au contraire : — pour moi, c'est ce que je souhaite,
Et je voudrais déjà que la chose fût faite.

VALÈRE, un temps — outré — comme s'il n'en croyait pas ses oreilles :

Vous le voudriez ?

MARIANE, colère :

Oui.

VALÈRE

La mesure est comble. L'indignation de Valère est extrême ; il cherche à indiquer qu'il la contient ; d'une voix altérée :

C'est assez *m'insulter*,
Madame ; — et de ce pas, — je vais vous contenter.

MARIANE, animée :

Fort bien.

VALÈRE, revenant — et très chaleureusement :

Souvenez-vous, — au moins — que c'est vous-même,
Qui contraignez mon cœur à cet effort extrême.

(Mouvement de sortie.)

MARIANE, de même.

Oui.

VALÈRE, revenant encore :

Et que le dessein que mon âme conçoit
N'est *rien* qu'à votre exemple ?

(Indication légère de sortie.)

MARIANE, de même :

A mon exemple, — soit.

VALÈRE, revenant encore :

Suffit.

Comme une conclusion bien définitive :

Vous allez être *à point nommé* servie.

(Il remonte.)

MARIANE, nerveuse :

Tant mieux !

VALÈRE, revenant encore — d'un ton pathétique, mais dans celui de la comédie :

Vous me voyez... — C'est pour toute ma vie !

MARIANE, toujours dans le même sentiment :

A la bonne heure.

VALÈRE

Il remonte, pour sortir, avec un semblant de résolution; mais sa marche est écourtée... il voudrait visiblement être retenu par Mariane, qui, elle, tout irritée qu'elle soit ou qu'elle veuille le paraître en jetant de côté et presque involontairement un œil sur le manège de Valère, ne témoigne rien cependant de son inquiétude. Sur le pas de la porte Valère s'arrête et se retourne; il croit, ou plutôt feint de croire que Mariane l'a rappelé.

Hé?

MARIANE, avec moins de fâcherie dans la voix :

Quoi?

VALÈRE, de la porte :

Ne m'appelez-vous pas?

MARIANE, sur l'avant-scène :

Moi? Vous rêvez.

VALÈRE

(Il descend en scène comme pour répondre à Mariane. Cette ruse qu'il emploie pour différer son départ est comique, et de grand effet; mais que le comédien mette du goût à l'exécuter, qu'il n'ait pas l'air de dire grossièrement : Remarquez que j'annonce une chose et que j'en fais une autre.)

Hé bien, je poursuis donc mes pas.

Plus lent, saluant, et accentuant ses paroles :

Adieu... Madame.

MARIANE, émue, malgré son désir de se montrer sèche :

Adieu... Monsieur.

TARTUFFE

Valère remonte de façon à gagner du temps. A lui de trouver le moyen de marcher sans trop avancer pendant les quatre vers que va dire Dorine; celle-ci, qui s'amusait d'abord de la dispute n'y voyant qu'un jeu d'amoureux, comprend que la querelle prend une proportion hors de mesure; elle descend vivement à la droite de Mariane, et lui dit à voix basse et rapide :

DORINE

Pour moi, je pense
Que vous *perdez l'esprit* — par cette extravagance,
Et je vous ai laissés tout du long quereller
Pour voir où tout cela pourrait enfin aller.

Remontant d'un pas et appelant :

Holà ! seigneur Valère.

VALÈRE, qui a enfin obtenu ce qu'il désirait, être retenu, répond d'une voix un peu ennuyée en s'arrêtant[1] :

Hé ! Que veux-tu, Dorine ?

DORINE, l'invitant du geste à approcher :

Venez ici.

VALÈRE

Non, non, le dépit me domine ;

(Redescendant en scène à ce second vers, et s'adressant vivement à Dorine. Répétition du même mouvement et du même effet que précédemment :)

Ne me détourne point de ce qu'elle a voulu.

DORINE

Arrêtez.

---

[1] L'édition originale donne cette indication : « Elle va l'arrêter par le bras ; et lui, fait mine de grande résistance. » — Ce jeu de scène, inférieur à celui qui a été adopté, n'a peut-être jamais été exécuté : les éditions postérieures de *Tartuffe* témoignent qu'il a au moins été bientôt modifié.

VALÈRE

En disant son dernier vers il s'est rapproché de Dorine; il la quitte, et gagne le coin du théâtre, à la droite de l'acteur, en ajoutant avec vivacité:

Non; vois-tu, c'est un point résolu.

DORINE, au milieu du théâtre, s'adressant avec un mouvement d'impatience à Valère :

Ah !

MARIANE, vivement à elle-même, mais non en à part :

Il souffre à me voir, ma présence le chasse ;
Et je ferai bien mieux de lui quitter la place.

Sur ce dernier vers, dit précipitamment, elle tourne le dos à Dorine, de droite à gauche, pour sortir par la porte à la gauche de l'acteur. Valère exécute le même mouvement de gauche à droite, pour sortir par la porte à la droite de l'acteur. Ce double mouvement, exécuté simultanément, est d'un bon effet comique.

DORINE, se retournant vivement du côté de Mariane, et remontant un peu la scène, dont elle garde le milieu. L'indication de l'édition originale porte : elle quitte Valère et court à Mariane.

A l'autre ! Où courez-vous ?

MARIANE, s'arrêtant, pour dire :

Laisse.

DORINE, avec autorité :

Il faut revenir.

MARIANE

Elle pourrait disparaître sans répondre; mais, dans une intention que l'on devine, elle préfère redescendre vivement en scène pour dire à Dorine :

Non, non, Dorine ; en vain tu me veux retenir.

VALÈRE

(Il est redescendu en scène également pendant les deux vers qui précèdent. Sa tenue est pleine d'hésitation ou de fausse résolution.)

Je vois bien que ma vue est pour elle un supplice;
Et, sans doute, il vaut mieux que je l'en affranchisse.

(Ces deux vers, non plus que ceux de Mariane qui expriment, plus haut, le même sentiment, ne peuvent être dits en *a parte*, puisqu'ils n'expriment point la pensée sincère de celui et de celle qui les prononcent. C'est l'édition de 1734 qui, pour la première fois, a accolé à ces deux passages l'indication : *à part* ; l'édition originale de *Tartuffe* ne la mentionne pas.)

DORINE. L'édition originale porte que Dorine « quitte Mariane pour courir après Valère ». Aujourd'hui, Dorine remonte seulement la scène dont elle garde le milieu, et arrête Valère avec autorité de la voix et du geste :

Encor! Diantre soit fait de vous! — Si. — Je le veux,
Cessez ce badinage; — et venez çà — tous deux.

(Le *si* placé devant le verbe est pour lui donner plus de force; il signifie : *Oui, je le veux.*)

VALÈRE, mollement, feignant un air d'ennui et de contrariété, en redescendant en scène :

Mais quel est ton dessein?

MARIANE, de même, avec nonchalance.

Qu'est-ce que tu veux faire?

DORINE, reproduisant en singerie la voix et le ton de Mariane :

Vous bien remettre ensemble, — et vous tirer d'affaire.

A Valère, ton ferme de reproche :

Êtes-vous *fou* d'avoir un pareil démêlé?

VALÈRE, d'un ton pincé :

N'as-tu pas entendu comme elle m'a parlé ?

DORINE, à Mariane, de même :

Êtes-vous *folle*, — *vous*, — de vous être emportée ?

MARIANE, boudeuse :

N'as-tu pas vu la chose, — et comme il m'a traitée ?

DORINE, haussant les épaules :

Sottise des deux parts.

(A Valère, avec un sourire de bonhomie :)

Elle n'a d'autre soin
Que de se conserver à vous ; — j'en suis témoin.

(A Mariane — de même :)

Il n'aime que vous seule, — et n'a point d'autre envie
Que d'être votre époux ; — j'en réponds sur ma vie.

MARIANE, à Dorine, dans un ton de fâcherie qui se radoucit :

Pourquoi donc me donner un semblable conseil ?

VALÈRE, à Dorine aussi, et dans le même ton :

Pourquoi m'en demander sur un sujet pareil ?

DORINE, reproche maternel :

Vous êtes fous tous deux. — Çà — la main — l'un et l'autre.

(Valère et Mariane, à la droite et à la gauche de Dorine, se tournent à moitié le dos, témoignant leur peu de disposition à se réconcilier.)

A Valère, lui tendant la main pour l'inviter à lui donner la sienne :

Allons, vous,

VALÈRE, abandonnant sa main d'un air de complaisance contrainte :

A quoi bon ma main ?

DORINE, à Mariane, même jeu :

Ah çà ! la vôtre.

MARIANE, donnant aussi sa main nonchalamment, pour indiquer que cette concession faite à Dorine, n'aura pas le résultat que celle-ci en attend :

De quoi sert tout cela ?

DORINE, tenant dans chacune de ses mains une main des deux amants, les rapproche lentement l'une de l'autre en traînant d'une voix câline et encourageante les mots :

Mon Dieu !... vite... avancez...

Puis elle met doucement la main de Mariane dans celle de Valère ; au contact de leurs mains réunies les deux amoureux tressaillent, rougissent et n'osent se regarder. Dorine, toujours entre eux, se penche sur leurs deux bras captifs, regarde en dessous tour à tour et Mariane et Valère pour s'amuser de leur confusion, et ne peut réprimer un franc éclat de rire en disant :

Vous vous aimez tous deux plus que vous ne pensez.

Dorine s'est retirée, laissant les deux amants au milieu de la scène, leurs mains enlacées, se tournant le dos et dans une attitude dont la gaucherie est amusante. Comment sortir de cette situation ? Valère se décide à se retourner lentement vers Mariane ; celle-ci, qui a eu la même idée, en fait autant : leurs regards se rencontrent, et simultanément l'un et l'autre détournent la tête, car ni l'un ni l'autre n'est encore décidé à faire la première avance ; enfin, après un moment d'embarras et d'irrésolution, c'est Valère qui se détermine à rompre le silence ; il se retourne doucement vers Mariane, la regarde avec tendresse et lui dit du ton de voix le plus adouci :

VALÈRE

Mais ne faites donc point les choses avec peine ;
Et regardez un peu les gens sans nulle haine.

MARIANE, « tourne l'œil sur Valère et fait un petit souris. »
(Édition originale.)

Ce *souris* a reconquis le cœur de Valère ; il baise la main de Mariane avec transport.

DORINE, riant — compassion gaie :

A vous dire le vrai, les amants sont bien fous !

VALÈRE

La paix est faite ; mais la façon dont Valère va reprendre la scène peut assurer le renouvellement de la querelle. C'est une nuance à faire sentir. Valère, qui s'est le premier rendu, veut cependant avoir la satisfaction de prouver à Mariane que c'est elle qui a eu tort. « Nous voyons à la représentation, dit Auger, combien ce trait répond juste au cœur, je dirais presque à la conscience de tous les spectateurs. »
— D'un ton très enlevé, et très interrogatif :

Oh çà !... n'ai-je pas lieu de me plaindre de vous ?
— Et, pour n'en point mentir, — n'êtes-vous pas méchante
De vous plaire à me dire une chose affligeante ?

MARIANE, n'accepte pas du tout la justesse du reproche que lui fait Valère, et, loin de se justifier, elle attaque à son tour, d'un ton plus vif et batailleur :

Mais vous, n'êtes-vous point l'homme le plus ingrat... ?

DORINE, interrompant tout aussitôt, en prenant le milieu de la scène :

Pour une autre saison laissons tout ce débat,
Et songeons à parer ce fâcheux mariage.

MARIANE, avec un empressement inquiet.

Dis-nous donc quels ressorts il faut mettre en usage.

DORINE, la calmant :

Nous en ferons agir de toutes les façons.
Votre père se moque ; (*à Valère*) et ce sont des chansons.

(Tout ce qui suit d'un ton un peu animé[1].)

Mais, pour mieux réussir, il est bon, ce me semble,
Qu'on ne vous trouve point tous deux parlant ensemble.

(A Valère.)

Sortez ; et, sans tarder, employez vos amis
Pour vous faire tenir ce qu'on vous a promis.

(A Mariane.)

Nous allons réveiller les efforts de son frère
Et dans notre parti jeter la belle-mère.
Adieu.

(Elle remonte la scène ; tout aussitôt Valère et Mariane se rapprochent.)

VALÈRE, à Mariane, tendrement.

Quelques efforts que nous préparions tous,
Ma plus grande espérance, à vrai dire, est en vous.

MARIANE, à Valère, de même :

Je ne vous réponds pas des volontés d'un père ;
Mais je ne serai point à d'autre qu'à Valère.

VALÈRE, chaleureusement :

Que vous me comblez d'aise ! Et quoi que puisse oser...

---

[1] On fait ici une coupure de douze vers qui remonte probablement aux premières représentations de la pièce. Ces douze vers refroidissaient la fin de cette admirable scène.

DORINE

Elle comprend, par le ton de Valère, qu'il en a beaucoup à dire. Elle redescend au milieu entre les deux amoureux et, avec impatience, elle dit :

Ah !... jamais les amants ne sont las de jaser.

(Elle les sépare.)

Sortez, vous dis-je.

VALÈRE, revenant sur ses pas. Mariane en fait autant.

Enfin...

DORINE, à Valère.

Quel caquet est le vôtre !

(Le faisant tourner à droite.)

Tirez de cette part.

(Même jeu pour Mariane en la faisant tourner à gauche.)

Et, vous, tirez de l'autre.

(Les deux amoureux, sur le pas de la porte, se retournent pour échanger un dernier regard. L'attitude impérieusement décidée de Dorine, les force à se séparer : Valère sort par la droite de l'acteur ; Mariane par la gauche ; elle est suivie de Dorine.)

ACTE TROISIÈME

SCÈNE PREMIÈRE

DORINE, DAMIS
Ils entrent du fond, Damis le premier.

DAMIS, véhément, presque furieux : (faire bien sentir la jeunesse et l'étourderie.)

Que la foudre, — sur l'heure — achève mes destins,
Qu'on me traite partout du plus grand des faquins,
S'il est aucun respect, — ni pouvoir — qui m'arrête,
Et si je ne fais pas quelque coup de ma tête !

DORINE, cherchant à le calmer :

De grâce, — modérez un tel emportement :
Votre père — n'a fait qu'en parler simplement.
On n'exécute pas tout ce qui se propose ;
Et le chemin est long du projet à la chose.

DAMIS, il a mal écouté ce que lui a dit Dorine, et sa réponse à ses sages avis est l'annonce du coup de tête qu'il prétend faire :

Il faut que *de ce fat* — j'arrête les complots,
Et qu'à l'oreille un peu je lui dise deux mots.

(Il se dirige vers la porte, à la gauche de l'acteur.)

DORINE, *le retenant vigoureusement de la voix :*
Ah ! tout doux ! —
(Damis s'arrête changeant de ton, celui d'un conseil.)

     Envers lui, comme envers votre père,
Laissez agir les soins de votre belle-mère.

Sourcillement étonné et questionneur de Damis ; Dorine y satisfait par les vers qui suivent :

Sur l'esprit de Tartuffe *elle a* quelque crédit ;
Il se rend *complaisant* à tout ce qu'elle dit,

(Demi-sourire et léger clignotement de l'œil.)

Et pourrait bien avoir *douceur de cœur* pour elle :

Dorine a déjà exprimé cette pensée dans la première scène du premier acte ; cette fois Damis s'en montre plus frappé, et c'est ce qui justifie la détermination qu'il va prendre de se cacher pour épier les agissements de Tartuffe vis-à-vis de sa belle-mère. Dorine poursuit comme se parlant à elle-même :

Plût à Dieu qu'il fût vrai ! La chose serait belle !

A Damis, qu'elle pense calmer par les renseignements qu'elle lui confie :

Enfin, — votre intérêt l'*oblige* à le mander :
Sur l'hymen, — qui vous trouble — *elle veut* le sonder,
Savoir ses sentiments, — et lui faire connaître
Quels *fâcheux* démêlés il pourra faire naître,
S'il faut, — qu'à ce dessein, — il prête quelque espoir.

Baissant un peu la voix, et plus confidentiellement de crainte d'être entendue :

Son valet dit qu'il prie, — et je n'ai pu le voir :
Mais ce valet m'a dit — qu'il s'en allait descendre.

Un peu animé :

Sortez donc, — je vous prie, — et me laissez l'attendre.

DAMIS, simplicité irréfléchie :

Je puis être présent à tout cet entretien.

DORINE, vivement.

Point. Il faut qu'ils soient seuls.

DAMIS, comme un engagement qu'il prend :

Je ne lui dirai rien.

DORINE, vivacité de plus en plus croissante.

Vous vous moquez : — On sait vos transports ordinaires,
— Et c'est le vrai moyen de gâter les affaires.
Sortez.

(En parlant, Dorine a dirigé Damis vers la porte du fond. Celui-ci résiste et redescend en scène avec résolution.)

DAMIS

Non ; — je veux voir, sans me mettre en courroux [1]...

DORINE, très impatientée.

Que vous êtes fâcheux ! — Il vient. — Retirez-vous.

(Elle le pousse vers la porte du fond, par laquelle Damis disparaît.)

---

[1] L'édition originale porte qu'à ce moment « Damis *va se cacher* dans un cabinet qui est au fond du théâtre ». Pour *qui lit* la pièce, la situation, grâce à cette indication, est assurément très claire ; il n'en est pas de même pour *qui la voit*. Le spectateur peut-il comprendre, quand Damis sort, qu'il sort pour se cacher, à moins qu'un jeu de scène quelconque n'indique cette intention ? L'édition de 1734 témoigne que les comédiens avaient senti sur ce point la nécessité d'un éclaircissement ; on y lit, après ces deux vers d'Elmire :

« Pour moi, ce que je veux, c'est un mot d'entretien
« Où tout votre cœur s'ouvre, et ne me cache rien. »

Damis, sans se montrer, entr'ouvre la porte du cabinet dans lequel il s'est retiré pour entendre la conversation.

C'était faire comprendre au moins que Damis était aux écoutes ; mais le jeu de scène que j'indique plus loin définit mieux encore et rend plus saisissante la situation : c'est celui que depuis très longtemps a adopté la Comédie-Française.

SCÈNE II
DORINE, TARTUFFE

TARTUFFE, il entre par la porte à gauche de l'acteur.

Que l'acteur se garde de suivre une prétendue tradition par laquelle Tartuffe entrerait en scène d'un air et d'un pas délibéré, et changerait subitement d'allure et de physionomie en apercevant Dorine ; un hypocrite a plus de tenue dans ses habitudes, se surveille avec plus de soin, et n'abandonne point aisément la décence du maintien dont il s'est fait une seconde nature. Tartuffe, d'ailleurs, n'a-t-il pas été prévenu par son valet de la présence de Dorine ? Dès qu'il l'aperçoit, il s'arrête, se retourne vers la porte et s'exprime d'un ton soutenu, composé, justifiant l'observation que va faire Dorine, qui ne trouvera dans la façon dont il s'exprime que de « l'affectation et de la forfanterie », synonyme alors de charlatanerie.

Laurent, serrez ma haire avec ma discipline,
Et priez que toujours le Ciel vous illumine.
— Si l'on vient pour me voir, je vais — aux prisonniers —
Des aumônes que j'ai partager les deniers.

DORINE, à part, indignation contenue :

Que d'affectation et de forfanterie !

TARTUFFE, descendant en scène les yeux baissés :

Que voulez-vous ?

DORINE

Vous dire...

TARTUFFE a levé les yeux et les détourne aussitôt en interrompant Dorine avec un peu de saisissement :

Ah ! mon Dieu !...

(Tirant un mouchoir et le présentant à Dorine « sans la regarder »)

je vous prie,
Avant que de parler, — prenez-moi ce mouchoir.

TARTUFFE

DORINE, étonnée :

Comment ?

TARTUFFE, tendant toujours le mouchoir :

Couvrez ce sein, — que je ne saurais voir.
Par de... *pareils* OBJETS — les âmes sont blessées,

Avec contrition, le regard au ciel :

Et cela fait venir de *coupables* pensées.

(Que cette leçon de décence donnée à Dorine, qui par sa mise ne la mérite pas, soit exprimée dans un ton d'austérité tempérée de douceur, et comme un conseil bienveillant.)

DORINE, avec une certaine lenteur interrogative et moqueuse :

Vous êtes donc *bien tendre* à la tentation ?
Et la chair — sur vos sens — fait grande impression !
Certes, — je ne sais pas quelle *chaleur* vous monte ;
Mais *à convoiter*, — moi, — je ne suis pas si prompte ;

Articulant avec précision :

Et je vous verrais *nu* — du haut — jusques en bas,

Transition gravement dédaigneuse :

Que toute *votre peau* ne me tenterait pas.

TARTUFFE ne veut point paraître touché de l'outrage ; il se montre blessé seulement de l'inconvenance des propos de Dorine ; il reprend gravement et avec quelque sévérité :

Mettez dans vos discours un peu de modestie,

Faisant un mouvement comme pour se préparer à sortir :

Ou je vais *sur-le-champ* vous quitter la partie.

DORINE, hâtivement:

Non, non, *c'est moi* qui vais vous laisser en repos,
Et je n'ai seulement qu'à vous dire deux mots.

Les yeux bien fixés sur Tartuffe qui a les yeux baissés :

Madame — va venir dans cette salle basse,

(Tartuffe lève les yeux. — Aucune exagération dans ce mouvement, ni pour le vers qui suit) :

Et d'un mot d'*entretien* vous demande la grâce.

« Dorine fait son message, et Tartuffe le reçoit avec une joie qui le décontenance, et le jette hors de son rôle. » (*Lettre sur l'Imposteur.*)

Cette excellente indication doit être cependant suivie par l'acteur avec beaucoup de mesure; il a levé les yeux instantanément en apprenant qu'Elmire allait venir; c'est suffisant pour indiquer l'intérêt qu'il prend à cette nouvelle. Ce qu'ajoute Dorine, l'annonce du mot d'entretien que lui demande sa maîtresse déride son front, lui arrache un imperceptible sourire et lui fait dire avec un accent qu'il veut rendre indifférent, mais qui est des plus caressants :

TARTUFFE

Hélas! très volontiers.

DORINE, à part.

Comme il se radoucit!

(Plus ferme.)

Ma foi, je suis toujours pour ce que j'en ai dit.

TARTUFFE, avec beaucoup de douceur; sa curiosité veut jouer l'indifférence.

Viendra-t-elle bientôt?

DORINE

Je l'entends, ce me semble.

(Léger tressaillement de Tartuffe.)

Oui, — c'est elle en personne — et je vous laisse ensemble.

Dorine remonte jusqu'à la porte du fond, à la rencontre d'Elmire ; elle lui montre Tartuffe qui est resté sur le devant du théâtre ; sur un geste de sa maîtresse elle sort, en fermant la porte derrière elle.

SCÈNE III

ELMIRE, TARTUFFE[1]

TARTUFFE, onctueux.

Que le ciel — à jamais — par sa toute bonté,
Et de l'âme — et du corps, — vous donne la santé,
Et bénisse vos jours — autant que le désire
Le plus humble de ceux que son amour inspire.

---

[1] Il existe pour les indications de cette scène, et pour les principales de l'acte suivant, un document important, l'étude que Mme Talma a faite du rôle d'Elmire, et que l'on trouve dans son *Art théâtral*. Je ne reproduirai que quelques-unes de ces indications ; l'examen très réfléchi que j'ai fait de son travail, si intéressant qu'il soit, m'a donné le regret de ne pouvoir l'adopter tout entier.

Dès que Dorine est sortie, Tartuffe s'approche d'Elmire et la salue respectueusement. Elmire lui rend son salut, mais sa révérence aisée et polie n'affecte en rien la froideur ou la cérémonie.

Note de Mme Talma : « Elmire s'avance avec grâce et modestie ; on voit qu'elle ne veut pas être familière avec une personne dont elle connaît toute la pensée et dont elle se défie. »

Extrait de la lettre sur l'Imposteur : « Notre cagot reçoit Elmire avec un empressement, qui, bien qu'il ne soit pas fort grand, paraît extraordinaire dans un homme de sa figure. »

En reproduisant ces deux notes, je me permettrai d'y joindre une obser-

ELMIRE, *ce vers doit être dit avec indifférence et passé légèrement.*
(M⁻ Talma.)

Je suis fort obligée à ce souhait pieux.

Avec une grâce polie :

Mais prenons une chaise afin d'être un peu mieux.

TARTUFFE.

Il jette sur Elmire un regard doux et satisfait; il obéit avec lenteur, comme pour faire durer le moment de bonheur qu'il lui doit; il va chercher, à la droite de l'acteur, une chaise qu'il place avec précaution derrière Elmire et se tient debout à côté d'elle; Elmire, assise, lui fait signe de s'asseoir aussi : il veut que cette simple politesse soit une faveur, et il lui en témoigne par un geste sa gratitude; il va chercher à gauche une chaise qu'il place tout près de celle d'Elmire. Celle-ci, sans témoigner qu'elle attache à cela la moindre importance, recule tout simplement sa chaise qu'elle trouve trop proche de celle de Tartuffe; il comprend qu'Elmire a pu pénétrer l'intention de sa petite manœuvre, il n'insiste pas et s'assied.

Je sais que l'indication que je donne ici pourra paraître incomplète aux jeunes acteurs pour qui j'écris : ils auront vu, qu'au théâtre, lorsque Tartuffe a placé la chaise tout à côté de celle d'Elmire, et que celle-ci a reculé la sienne, Tartuffe rapproche la distance,

---

vation : Elmire, sans doute, doit aborder Tartuffe avec une grâce aisée et souriante, mais elle ne doit pas, je crois, laissser apparaître le moindre sentiment de défiance à son égard; son plan, dans l'entretien qu'elle a demandé à Tartuffe, nous est révélé par la *Lettre sur l'Imposteur*, et par la scène coupée de la fin du second acte; elle veut s'assurer, suivant en cela les conseils de Cléante, si, comme le prétend Dorine, et comme sa clairvoyance de femme a pu le lui faire pressentir, Tartuffe a *douceur de cœur pour elle;* elle prétend dès lors profiter adroitement des avantages que pourra lui donner cet amour, amener Tartuffe à se compromettre, et le forcer à renoncer à épouser Mariane. Ce n'est donc pas de la défiance, mais plutôt de la confiance qu'elle doit chercher à inspirer à Tartuffe. Quant à celui-ci, son empressement, *qui ne doit pas paraître fort grand*, se traduira par la grâce confite qu'il apportera au salut complimenteur fait à Elmire.

qu'Elmire se recule de nouveau, et que ce jeu de chaises, deux ou trois fois répété, fait beaucoup rire. Avec quelque mesure que ce *lazzi* soit exécuté, il n'en est pas moins condamnable. Le spectateur, sans doute, comprend l'intention de Tartuffe puisqu'il en rit, mais il comprend aussi que l'acteur ne s'y prend pas avec assez de ménagement puisque sa manœuvre ne peut échapper à Elmire ; son intention s'accuse trop grossièrement, il est trop téméraire, il dévoile ses désirs de manière à effaroucher celle qu'il convoite, il s'émancipe à contresens, et Tartuffe doit être plus habile. C'est beaucoup plus loin que Molière a indiqué ce jeu de scène. Je crois donc que si Elmire a raison d'éloigner, comme indifféremment, sa chaise, Tartuffe aurait très grand tort de se rapprocher de la sienne et de mettre ainsi Elmire en défiance : c'est faire marcher la scène beaucoup plus vite que l'auteur ne l'a voulu.

TARTUFFE, après s'être assis — très caressant — intérêt tendre pour la santé d'Elmire :

Comment — de votre mal — vous sentez-vous remise ?

ELMIRE, d'un ton simple, presque dégagé — « Comme une personne déjà fatiguée de tant d'intérêt pour sa santé » (?) (Mme Talma.)

Fort bien ; et cette fièvre a bientôt quitté prise.

TARTUFFE, avec ferveur et tendresse.

Mes prières n'ont pas le mérite qu'il faut
Pour avoir attiré *cette grâce* d'en haut,
Mais je n'ai pas au ciel *nulle dévote instance*
Qui n'ait eu pour objet votre convalescence.

ELMIRE, contraste avec le ton de Tartuffe qu'elle trouve hors de proportion avec le malaise qu'elle a éprouvé. « Comme voulant parler d'une chose qui l'intéresse davantage ; et d'ailleurs elle semble éviter qu'il soit question d'elle. » (Mme Talma.)

Je transcris la note, mais je ne pense pas qu'il faille suivre le conseil qu'elle renferme. N'est-ce point dans l'espoir que Tartuffe va s'enferrer dans quelque amoureuse déclaration qu'Elmire lui a demandé un entretien particulier ?

TARTUFFE, plus chaleureux :

On ne peut trop *chérir* votre *chère* santé ;
Et pour la rétablir, (avec passion) j'aurois donné la mienne.

ELMIRE, sourire d'innocente moquerie ; voulant modérer l'exagération par le naturel. — « Remerciement banal » (Mme Talma).

C'est pousser bien avant la *charité chrétienne*,
Et je vous dois beaucoup pour toutes ces bontés.

TARTUFFE, avec un ton langoureux qu'Elmire ne veut pas avoir l'air de remarquer.

Je fais bien moins pour vous que vous ne méritez.

En ce moment, Damis entre-bâille un battant de la porte du fond, et se glisse sur la pointe du pied et avec précaution dans le cabinet à la droite de l'acteur, celui qu'Orgon a inspecté avec défiance au second acte.

ELMIRE, impatiente d'en venir à ses fins, désire lui persuader que l'affaire qu'elle veut traiter a, seule, donné lieu à leur tête-à-tête :

J'ai voulu vous parler, en secret, d'une affaire,
Et suis bien aise ici qu'aucun ne nous éclaire.

TARTUFFE

Elmire a parlé simplement et dans le ton ordinaire de sa voix ; Tartuffe feint de voir dans ce qu'elle vient de dire une invitation au mystère, il baisse la voix et s'assure par le regard qu'ils sont bien seuls ; il veut que leur conversation ait déjà un caractère équivoque.

J'en *suis ravi* de même, — et sans doute il m'est doux,

Madame, de me voir —

(Très mystérieux et très important.)

seul à seul — avec vous :

(Avec ardeur.)

C'est une occasion qu'au Ciel j'ai demandée,

(Avec mécontentement, comme un reproche, qu'il fait au ciel :)

Sans que jusqu'à cette heure il me l'ait accordée.

ELMIRE, commencement un peu marqué de déplaisir en lui voyant prendre un ton trop familier ; visage indifférent, afin de le retenir dans les bornes du respect ; mais désir de continuer l'entretien pour aller à son but. » (Mme Talma.)

Cette note me paraît un peu compliquée, je crois qu'elle peut se réduire à cette observation qu'Elmire doit se montrer dans ces deux vers, très simple, très franche, et sans ce mystère:

Pour moi, — ce que je veux — c'est un mot d'entretien
Où tout votre cœur s'ouvre, et ne me cache rien.

TARTUFFE, baissant le ton, comme s'il avait un secret à révéler :

Et je ne veux aussi, pour grâce singulière,
Que montrer à vos yeux — *mon âme tout entière*,
Et vous faire serment que les bruits que j'ai faits
Des visites — qu'ici — reçoivent vos attraits,

(Se disculpant.)

Ne sont pas envers vous l'effet d'aucune haine,

(S'échauffant et un peu haletant.)

Mais plutôt — d'un transport de zèle — qui m'entraîne,
Et d'un pur mouvement...

ELMIRE, *coupant court à une excuse qui sent trop la passion et qui, quels que soient les projets d'Elmire, commence à devenir embarrassant.*

                        Je le prends bien ainsi,
Et crois que mon salut vous donne ce souci.

TARTUFFE, *pendant l'interruption d'Elmire, a gardé son mouvement passionné.* — *Prenant la main d'Elmire (édition de 1734), il lui serre le bout des doigts. (Édition originale.)*

Oui, Madame, sans doute, et ma ferveur est telle...

ELMIRE, *retirant sa main avec un tressaillement et une exclamation de déplaisir.* — « *Prenant un prétexte et disant qu'on lui fait mal pour marquer son mécontentement.* » (Mme Talma.)

Ouf... vous me serrez trop !

TARTUFFE *comprend qu'il a été trop loin ; celle qu'il attaque s'effarouche, il reprend du ton le plus doux et le plus pieux :*

                      C'est par excès de zèle.

(*Puis continuant avec lenteur, doucereux et insinuant.*)

De vous faire aucun mal je n'eus jamais dessein.

(*Il lui met la main sur le genou.*) (*Édition originale.*)

Ce jeu de scène qui accompagne le vers qui va suivre, demande de la part du comédien beaucoup de tact et de goût; c'est avec lenteur et une prudence féline, qu'il doit se montrer précautionneux dans son acte inconvenant; qu'il ait soin de ne pas suivre de l'œil le mouvement de sa main, en la plaçant sur le genou d'Elmire, et que son regard reste obstinément fixé sur elle.

Et j'aurais bien plutôt...

       ELMIRE, *surprise, offensée, et avec la plus grande hauteur :*

                      Que fait là votre main [1] ?

---

[1] Lorsque Tartuffe promène sa main sur le genou d'Elmire, écrit l'auteur

TARTUFFE, décontenancé, baisse les yeux sous le regard d'Elmire ; il les porte sur sa robe dont il manie l'étoffe.

Je tâte votre habit (inflexion comique), l'étoffe en est moelleuse.

ELMIRE, « le ton quelque peu méprisant, pas assez pour avoir l'air de comprendre, mais assez pour montrer à Tartuffe que ses manières finissent par lui donner de l'humeur ». (Mme Talma.)

Quelques actrices, jouant Elmire, prennent elles-mêmes la main de Tartuffe pour l'écarter de leur genou. C'est, je le crois, une faute de convenance. Sous le regard fier et offensé d'Elmire, Tartuffe gêné et maladroit doit lui-même, assez gauchement, retirer sa main ; c'est ainsi que les choses se passaient entre Mlle Mars et Damas : Mme Mars reculait légèrement sa chaise, et donnait du revers de ses doigts un petit coup sur sa robe chiffonnée ; il semblait qu'elle voulait rapproprier la place souillée par la patte d'un animal.

Ah ! de grâce, laissez, je suis fort chatouilleuse.

« Elmire a reculé sa chaise et Tartuffe a rapproché la sienne. » — (Édition originale.) Nullement démonté par la résistance d'Elmire, il sent seulement la nécessité d'apporter plus de mesure et d'adresse dans son attaque ; il la reprend avec une lenteur où se mêle l'admiration :

Mon Dieu ! — que de ce point l'ouvrage est merveilleux !

de la *Lettre sur l'Imposteur*, elle lui dit, confuse de cette liberté : « Que fait là votre main ? » C'est Molière lui-même qui nous indique de quelle façon Elmire doit recevoir la grossière attaque de Tartuffe. La créatrice du rôle, femme de l'auteur, se conformant à ses indications, s'est *montrée confuse*, c'est-à-dire scandalisée de l'attouchement déshonnête de son bestial adorateur. Peut-on prétendre après cela qu'Elmire ne doit concevoir des libertés de Tartuffe *ni étonnement, ni colère, ni dégoût*, parce que c'est *une femme qui en a vu bien d'autres*? L'éminent critique qui a émis cette opinion, faute peut-être de ne s'être pas assez souvenu de la *Lettre sur l'Imposteur*, reconnaîtra après revision qu'il ne lui est plus permis de la soutenir : Elmire, autrement, cesserait d'être « cette vraie femme de bien qui connaît parfaitement ses devoirs, et qui y satisfait *jusqu'au scrupule* ».

On travaille aujourd'hui — d'un air miraculeux.

(Il se penche sur l'épaule d'Elmire comme pour mieux apprécier la beauté de sa guipure.)

Jamais — en toute chose — on n'a vu si bien faire.

ELMIRE, *impatientée, se contenant. Elle ne veut pas abandonner la partie.*

Il est vrai.
        Mais parlons un peu de notre affaire.

(Relevant le ton. La question doit témoigner de l'incrédulité sur le fait qu'elle annonce.)

On tient que mon mari veut *dégager* sa foi,
Et vous *donner sa fille*. — Est-il vrai ? dites-moi ?

(Le sens de l'inflexion est : « Cela n'est pas possible »)

TARTUFFE, *négligemment — comme se souciant peu de la proposition d'Orgon :*

Il m'en a dit deux mots : —

Un temps — un regard passionné et avec une voix sombre et mystérieuse.)

        Mais, Madame, — à vrai dire,
Ce n'est pas le bonheur après quoi je soupire.

(Ardent.)

Et je vois autre part les merveilleux attraits
De la félicité qui fait tous mes souhaits.

ELMIRE, *ne voulant pas comprendre.* — « *D'un ton qui exprime que cela doit être ainsi.* » (Mme Talma.)

C'est que vous n'aimez rien des choses de la terre.

TARTUFFE, *plus chaleureux.*

Mon sein n'enferme point un cœur qui soit de pierre.

ELMIRE

Il semble qu'elle veuille relever Tartuffe à ses propres yeux ; mais n'est-ce pas aussi une provocation indiscrète à l'aveu qu'elle attend ?

Pour moi, — je crois qu'*au Ciel* tendent tous vos soupirs, Et que rien ici-bas n'arrête vos désirs.

Les dévots qui attaquaient Tartuffe ont reproché à Molière l'emploi des termes dont l'hypocrite se sert dans sa déclaration. L'acteur en les faisant valoir rendra bien sa pensée. Quel que soit le tempérament de Tartuffe, il s'est fait une habitude d'un certain jargon de sacristie, que le comédien s'appliquera à bien nuancer et à bien mettre en lumière. Tartuffe doit, tour à tour, et à courts intervalles, faire rire et trembler. La difficulté du rôle est de lui conserver ce caractère shakespearien, et peut-être Perlet l'a-t-il trop assombri dans ces quelques lignes, dont à beaucoup d'égards cependant on pourra profiter :

« L'ardeur de Tartuffe doit être grande sans doute, mais c'est une ardeur, il ne faut pas l'oublier, née d'un sentiment criminel, et que porte au plus haut degré la concupiscence de la chair. Elle a quelque chose de sombre et de cynique qu'il est plus facile de sentir que de caractériser. Tout plein de ses désirs coupables et déclarant son amour à Elmire, on se figure Tartuffe l'œil enflammé, mais ne jetant sur elle que des regards obliques et furtifs, la voix tremblante, la respiration gênée, le maintien mal assuré, tout ce qui trahit enfin une émotion extrême, un entier bouleversement des sens, et néanmoins sans qu'il y ait rien dans son attitude et son débit qui puisse le faire ressembler à un satyre, ou qui blesse le moins du monde les bienséances. » (Perlet, *Etude sur Tartuffe et le Misanthrope.*)

TARTUFFE, un temps — Il sent qu'il est nécessaire de parer la botte que vient de lui porter Elmire ; c'est en casuiste qu'il va répondre, il y a un peu d'hésitation dans le début de ses arguments :

L'amour, — qui nous attache — aux beautés... *éternelles* N'étouffe pas en nous — l'*amour des temporelles*. — Nos sens — facilement — peuvent être charmés

Des ouvrages *parfaits* — que *le Ciel* a formés.
Ses attraits réfléchis brillent dans vos pareilles;

(Plus ample, plus large, l'hésitation disparaît.)

Mais *il étale* en vous ses *plus rares merveilles.*

(Son œil s'allume.)

Il a — *sur votre face* — *épanché* des beautés
Dont *les yeux* sont surpris — et *les cœurs* transportés;
Et je n'ai pu vous voir — *parfaite créature,*
Sans admirer en vous l'Auteur de la nature,

(Avec âme.)

Et d'une *ardente amour* sentir mon cœur atteint
Au plus beau des portraits où *lui-même* il s'est peint.

(Changement de ton, abandonnant la passion pour donner une explication un peu entortillée, mais chaleureuse et graduée.)

D'abord — j'appréhendai — que cette ardeur secrète —
Ne fût du *noir esprit* une surprise adroite,
Et même — *à fuir vos yeux* — mon cœur se résolut,
Vous croyant un obstacle à faire mon salut.

(Transition, avec une figure qui s'éclaire peu à peu.)

Mais enfin — je connus

(Passionné et suave.)

      O beauté TOUTE AIMABLE !

(Comme une révélation mystérieuse qui lui aurait été faite.)

Que cette passion *peut n'être pas coupable,*
Que je puis *l'ajuster* avecque la pudeur,

(Avec ardeur et liberté.)

Et c'est ce qui m'y fait ABANDONNER MON CŒUR.

(Transition brusque de la voix, ton bénin confit et expression de la plus profonde humilité.)

Ce m'est — je le confesse — *une audace* bien grande
Que d'oser — de ce cœur — vous adresser l'offrande;

(Se ranimant. Chaud et pressant.)

Mais j'attends, en mes vœux, TOUT de votre bonté,
Et RIEN — des vains efforts de *mon infirmité.*

(Ferveur passionnée.)

En vous... est *mon espoir* — MON BIEN — MA QUIÉTUDE;
De vous... dépend *ma peine* ou ma BÉATITUDE :
Et je vais être enfin, par votre seul arrêt,

(Enflammé.)

Heureux si vous voulez...

(Son œil ardent rencontre le regard sévère d'Elmire; il s'arrête, change de ton, et dit comme implorant la pitié d'Elmire :)

Malheureux s'il vous plaît.

Elmire a écouté toute cette déclaration dans une attitude en apparence impassible; sa physionomie seule a trahi un mélange d'étonnement et de mépris. — « Elle doit craindre de se faire un ennemi d'un homme dont elle veut exiger quelque chose. » (Mme Talma.) Toutefois au moment où Tartuffe devient trop brûlant, ses traits s'animent et témoignent quelque inquiétude, elle l'arrête du regard et c'est avec une ironie contenue et froide qu'elle attaque sa réponse :

ELMIRE

La déclaration est *tout à fait* galante;
Mais elle est — à vrai dire, — un peu bien surprenante.

(Plus sérieuse.)

Vous deviez, — ce me semble — *armer mieux* votre sein
Et *raisonner un peu* sur un pareil dessein.

(Étonnement sur le risque qu'il fait courir à sa réputation.)

Un dévot comme vous, — et que partout on nomme...

TARTUFFE, très chaudement. — « Avec un transport fort éloquent. »
(*Lettre sur l'Imposteur.*) Effet qui doit être comique :

Ah ! pour être dévot, — je n'en suis pas moins homme :
Et lorsqu'on vient à voir vos *célestes appas,*

(S'abandonnant.)

Un cœur se laisse prendre — et ne raisonne pas.

(Se reprenant — et avec un peu d'embarras.)

Je sais — qu'un tel discours — de moi — paraît étrange ;
Mais, Madame — après tout —

(Sourire humble.)

je ne suis pas un ange ;

(Relevant et animant.)

Et, si vous condamnez l'aveu que je vous fais,
Vous devez vous en prendre *à vos charmants attraits.*

(Chaleur un peu exaltée.)

Dès que j'en vis briller *la splendeur* plus qu'humaine,
De mon intérieur vous fûtes souveraine ;
De vos *regards divins l'ineffable douceur*

(Peignant bien chacun des termes qu'il emploie :)

Força la résistance où *s'obstinait* mon cœur.

(Grande animation et abandon, il commence à ne plus trop être maître de lui.)

Elle surmonta *tout* — *jeûnes* — *prières* — larmes...
Et tourna tous mes vœux du côté de vos charmes.

TARTUFFE

(De l'adresse.)

Mes yeux et mes soupirs... vous l'ont dit mille fois,
Et pour mieux m'expliquer... *j'emploie* ici la voix.

(Il rapproche sa chaise et continue avec une ferveur dévote, ardente, enflammée :)

Que si vous contemplez, d'une *âme un peu bénigne*,
Les tribulations de votre *esclave indigne* :
S'il faut que vos *bontés veuillent me consoler*
Et — jusqu'à *mon néant* — daignent *se ravaler*;
J'aurai toujours pour vous,

(Extase... il est devant un Séraphin.)

Ô SUAVE MERVEILLE !...
Une dévotion... à nulle autre pareille.

(Baissant le ton, mystérieux, animé, adroit.)

Votre honneur, avec moi, ne court point *de hasard*
Et n'a *nulle disgrâce* à craindre de ma part.

(Méprisant.)

Tous ces *galants de cour*, dont les femmes sont folles,
Sont *bruyants* dans leurs faits, — et *vains* dans leurs paroles;
De leurs progrès sans cesse *on les voit se targuer* :

(Graduant, sa chaleur augmente, la voix monte.)

Ils n'ont point de faveur, qu'ils n'aillent *divulguer*,
Et *leur langue indiscrète*, en qui l'on se confie,

(Grande chaleur concentrée.)

DÉSHONORE *l'autel* où leur cœur sacrifie.

(Transition, voix profondément mystérieuse.)

Mais les gens *comme nous* — brûlent d'un feu *discret*
Avec qui, — *pour toujours*, on est *sûr du secret*.

Le soin que nous prenons de notre renommée
Répond — *de toute chose* — à la personne aimée ;
Et c'est *en nous* qu'on trouve, acceptant notre cœur,
De *l'amour* — *sans scandale* — et du plaisir — SANS PEUR !

Une partie de ce couplet, où Tartuffe déploie sa morale et les avantages que trouvent les femmes à se livrer aux gens de son espèce, exige du comédien beaucoup de chaleur et de variété dans son débit, il lui faut un air expressif, brillant et sensuel ; sa voix, qui trahit l'ardeur brûlante qui le possède, doit cependant être onctueuse et insinuante, sa passion parle plus clairement que sa rhétorique, et le dernier hémistiche de son discours, dit d'une voix chaude, mystérieuse et profonde, doit produire un effet qui touche à l'épouvante.

ELMIRE

Si éloignée de la pruderie que soit Elmire, et si préparée qu'elle ait été à cette déclaration d'amour qu'elle prévoyait cependant, elle n'est pas femme à ne point profiter de l'avantage que lui donne sur Tartuffe l'aveu qu'il vient de lui faire ; aveu qu'elle prévoyait, et elle va le lui faire comprendre.

Je vous écoute dire : — et votre... *rhétorique*
En termes *assez forts* à mon âme s'explique.

(Un temps. — Ton d'avertissement dont la précision et la lenteur calculée doivent inquiéter celui vis-à-vis de qui elle l'emploie.)

N'appréhendez-vous point que je ne sois d'humeur
A dire à mon mari — cette *galante* ardeur,
Et que le prompt avis d'*un amour de la sorte*
Ne pût bien altérer *l'amitié* qu'il vous porte ?

TARTUFFE

Il a entendu le front incliné et les yeux fixés à terre ce que vient de dire Elmire ; il ne témoigne rien de l'alarme qu'elle a jeté dans son âme. Il relève lentement la tête, et jette sur elle un regard soumis, doucereux, et tendrement hypocrite:

Je sais que vous avez trop de *bénignité*,
Et que vous *ferez grâce* à ma témérité ;
Que vous m'excuserez sur l'humaine faiblesse
Des *violents transports* — d'un *amour* qui vous blesse
Et considérerez (très tendre) en regardant votre air,
Que l'on *n'est pas aveugle* — et qu'un homme... *est de chair*.

ELMIRE, un demi-sourire dédaigneux.

D'autres prendroient cela d'autre façon peut-être ;
Mais ma discrétion se veut faire paroître...

(Sérieuse et indulgente. Damis sort doucement et reste à demi caché sur le pas de la porte du cabinet.)

Je ne redirai point l'affaire à mon époux,

(Impérativement — posant les conditions de son silence.)

Mais *je veux*, — en *revanche*, — une chose de vous :

(Insistant sur chaque membre de phrase.)

C'est de presser *tout franc*, — et *sans nulle chicane*,
L'union de Valère — avecque Mariane,
— De renoncer, — *vous-même* — à l'injuste pouvoir
Qui veut — *du bien d'un autre* — enrichir votre espoir.
Et...

On ne peut douter qu'Elmire, a dit très justement Auger, ne soit révoltée de la déclaration de Tartuffe, déclaration insolente et presque obscène, qui ne doit pas lui inspirer moins de dégoût que d'horreur. Mais sa vertu n'est ni farouche ni fastueuse : elle ne dira rien à son mari ; et cette discrétion indulgente, qui est un effet de son caractère, est en même temps un calcul de sa patience, puisque, profitant de ses avantages sur Tartuffe, et de l'ascendant de Tartuffe sur Orgon, elle exige du fourbe, pour prix de son silence, qu'il presse le mariage de Valère avec Mariane.

SCÈNE IV

ELMIRE, DAMIS, TARTUFFE

DAMIS, *interrompant brusquement* :

Non, madame, non ; ceci doit se répandre.

Au premier mot de Damis, Tartuffe surpris se lève précipitamment et gagne la gauche de la scène ; il reste là, immobile, les yeux baissés, sans aucun geste ni mouvement apparent de physionomie. — « Panulphe paraît surpris, et demeure muet, mais pourtant sans être déconcerté. » (*Lettre sur l'Imposteur.*) — Elmire se lève aussi, et descend un peu à droite ; l'arrivée de Damis ne la trouble en rien, mais elle dérange son plan, et va amener probablement quelque éclat, c'est de cela seulement qu'elle est mécontente. Les deux chaises que Tartuffe et Elmire viennent de quitter restent sur l'avant-scène ; Damis, tout en parlant, les range à droite et à gauche du théâtre.

(D'un ton animé et triomphant.)

J'étois en cet endroit, — d'où j'ai pu tout entendre ;
Et la *bonté du Ciel* m'y semble avoir conduit
Pour confondre l'orgueil d'*un traître* qui me nuit,
Pour m'ouvrir une voie à prendre la vengeance
De *son hypocrisie* — et de son insolence,
A *détromper* mon père, et lui mettre en plein jour
L'*âme d'un scélérat* qui vous parle d'amour.

ELMIRE, douce et indulgente.

Non, Damis, il suffit qu'il se rende plus sage,
Et tâche à mériter la grâce où je m'engage.
Puisque je l'ai promis, ne m'en dédites pas ;

(Très simple.)

Ce n'est point mon humeur de faire des éclats,

(Supériorité et bonté.)

Une femme se rit de *sottises* pareilles
Et jamais — d'un mari — n'en trouble les oreilles.

DAMIS, avec une chaleur et une excitation croissantes.

Vous avez vos raisons pour en user ainsi ;
Et — pour faire autrement — j'ai *les miennes aussi*.

(Indigné.)

Le vouloir *épargner* est une raillerie,
Et l'*insolent orgueil* de sa cagoterie
N'a triomphé que trop de mon juste courroux,
Et que trop excité de désordres chez nous.
Le *fourbe* trop longtemps a gouverné mon père,
Et desservi mes feux avec ceux de Valère.

(Affirmatif et résolu.)

Il faut que *du perfide* il soit désabusé ;
Et le Ciel, pour cela, m'offre un moyen aisé.

(Joie accentuée.)

De cette occasion je lui suis redevable,
Et pour la négliger — elle est trop favorable ;
Ce serait mériter qu'il me la vint ravir,

(Avec un peu d'éclat.)

Que de l'avoir en main — et ne m'en pas servir.

ELMIRE, ton impératif, mais affectueux. (M™ Talma.)

Damis...

DAMIS, bouillant, n'écoutant rien.

Non, s'il vous plaît; — il faut que je me croie.
Mon âme est maintenant au comble de sa joie,
Et vos discours *en vain* prétendent m'obliger

(Avec un déchaînement de joie.)

A quitter *le plaisir* de me pouvoir venger.

(Se préparant à remonter la scène.)

Sans aller plus avant, je vais vider l'affaire;

(Apercevant son père qui ouvre la porte du fond.)

Et voici justement de quoi me satisfaire.

SCÈNE V

ELMIRE, DAMIS, ORGON, TARTUFFE

En entrant en scène, Orgon aperçoit Tartuffe; il va droit à lui, et lui donne une accolade. Tartuffe se laisse froidement embrasser sans rien témoigner. Ce jeu de scène a lieu pendant les deux premiers vers dits par Damis.

DAMIS, d'un ton triomphant :

Nous allons régaler, mon père, votre abord,
D'un *incident tout frais* qui vous surprendra fort.

(Ironique.)

Vous êtes *bien payé* de toutes vos caresses,
Et *monsieur* — d'*un beau prix* — reconnoît vos tendresses.
Son grand zèle, — *pour vous* — vient de se déclarer.

(Articulant bien sa dénonciation :)

Il - ne - va - pas à moins,

(Changeant de ton, et vigoureusement.)

qu'à vous déshonorer ;

(Mouvement d'Orgon qui écoutait son fils ; il se retourne vivement vers Tartuffe ; celui-ci, immobile, reste les yeux baissés.)

Et je l'ai surpris là — qui faisoit à Madame
L'*injurieux aveu* d'une *coupable* flamme.

(Orgon stupéfait regarde Elmire.)

Elle est d'une humeur douce, et son cœur, trop discret,
Voulait, à toute force, en garder le secret.
Mais je ne puis flatter une *telle impudence*,
Et crois — *que vous la taire* — est vous faire une offense.

ELMIRE, digne et simple, le ton d'une femme qui se sent inattaquable.

Oui, — je tiens que jamais — de tous *ces vains* propos
On ne doit — *d'un mari* — traverser le repos ;
Que ce *n'est point de là* que l'honneur peut dépendre,
Et *qu'il suffit* pour nous — de *savoir* nous défendre.

(Très arrêtée.)

Ce sont mes sentiments ;

(S'adressant d'une voix plus lente à Damis, dans un ton affectueux de reproche :)

et vous n'auriez rien dit, —
— Damis, — si j'avais eu sur vous quelque crédit.

(Elle sort par le fond, en prolongeant un moment son regard sur Damis, pour accentuer son reproche.)

SCÈNE VI

DAMIS, ORGON, TARTUFFE

Damis prend assez facilement son parti du reproche d'Elmire. Orgon, comme dans un rêve, semble ne pas comprendre ce qu'il voit et ce qu'il entend. Tartuffe n'a pas bougé et, les yeux baissés, a gardé son attitude humble et contrite. Orgon, revenant à lui, touche légèrement le bras de Tartuffe pour le faire retourner vis-à-vis de lui; Tartuffe se prête lentement à ce mouvement, leurs yeux se rencontrent, et Orgon, ému, interroge Tartuffe avec une inflexion accablée mais incrédule :

ORGON

Ce que je viens d'entendre, ô ciel ! est-il croyable ?

TARTUFFE

Avant de parler, il enveloppe Orgon d'un regard doux, résigné et modeste, puis d'un ton pénétré et sans force aucune, il répond :

Oui, mon frère !

Ce « oui » fait tressaillir Orgon; mais son étonnement se change bien vite en admiration quand il croit devoir attribuer à l'humilité et à la mortification du chrétien les accablants reproches que Tartuffe se prodigue à lui-même. L'accent de l'imposteur est tour à tour résigné, doux, pénétrant et pathétique. Son visage semble baigné de larmes : mais que son jeu exempt d'exagération paraisse l'expression de sa sincérité même. Le public ne peut s'y méprendre, et plus le comédien mettra de vérité dans sa douleur, mieux il se montrera hypocrite, et fera mieux comprendre la crédulité et l'ensorcellement d'Orgon.

Je suis *un méchant — un coupable*,
Un malheureux pécheur, tout plein d'iniquité,
Le plus grand scélérat qui jamais ait été.

TARTUFFE

Chaque instant de ma vie est chargé de souillures;

(Horreur de lui-même.)

Elle n'est qu'un amas de *crimes* et d'*ordures*,

(Grande piété, les yeux au ciel.)

Et je vois que le Ciel, pour ma punition,
Me veut *mortifier* en cette occasion.
De quelque grand forfait qu'on me puisse reprendre,
Je n'ai garde d'avoir l'orgueil de m'en défendre.

(S'animant.)

Croyez ce qu'on vous dit, — *armez* votre courroux,

(Vigoureusement.)

Et comme un *criminel*, — CHASSEZ-MOI de chez vous.

(Transition. — Acte de contrition.)

Je ne saurais avoir tant de honte en partage,
Que je n'en aie encor mérité davantage.

ORGON, à son fils. (Avec éclat.)

AH ! TRAITRE !

(Laisser produire l'effet comique, toujours très grand, de cette exclamation.)

    Oses-tu bien, par *cette fausseté*
Vouloir de *sa vertu* ternir la pureté ?

DAMIS, abasourdi de la crédulité de son père.

Quoi !... *la feinte* douceur de cette âme hypocrite
Vous fera démentir...

ORGON, colère.

    Tais-toi, peste maudite.

TARTUFFE, intervention très vigoureuse.

Ah ! laissez-le parler ; — vous l'accusez à tort,

(Plus doux.)

Et vous ferez bien mieux de croire à son rapport.

(Voulant ramener Orgon à la modération.)

Pourquoi, — sur un tel fait, — m'être aussi favorable ?
Savez-vous, — après tout, — de quoi je suis capable ?
Vous fiez-vous, — mon frère, — à mon extérieur ?
Et, — *pour tout ce qu'on voit,* — me croyez-vous meilleur ?
Non, non. — Vous vous laissez tromper à l'apparence ;

(Très humble.)

Et je ne suis rien moins, hélas ! que ce qu'on pense.
Tout le monde me prend pour un homme de bien ;

(Grande componction.)

Mais la vérité pure *est que je ne vaux rien.*

(S'adressant à Damis, avec un accent qui va devenir pathétique.)

Oui, *mon cher fils,* — parlez ; — traitez-moi de perfide,
D'infâme, de perdu, de voleur, d'homicide ;
Accablez-moi de noms encor plus détestés :
Je n'y contredis point, je les ai mérités ;

(Mettant un genou en terre, mouvement qui doit avoir de la grandeur.)

Et j'en veux — *à genoux* — souffrir l'ignominie,
Comme une honte due aux *crimes* de ma vie.

ORGON, remué jusqu'au fond de l'âme, à Tartuffe.

Mon frère, — c'en est trop.
(A son fils, la voix altérée par un sanglot.)
                    Ton cœur ne se rend point,
Traître ?

DAMIS, hors de lui.

Quoi!... Ses discours vous séduiront au point...

ORGON, furieux.

Tais-toi, pendard !...
(A Tartuffe, le relevant ; suppliant.)
        Mon frère !... hé !... levez-vous, de grâce.
(A son fils.)
Infâme !

DAMIS, ne cédant pas.

Il peut...

ORGON, colère impérieuse.

Tais-toi.

DAMIS, exaspéré.

J'enrage. — Quoi ! Je passe...

ORGON, au comble de la colère.

Si tu dis un seul mot, je te romprai les bras.

TARTUFFE, avec force.

Mon frère. — *au nom de Dieu,*
(Ramenant subitement la voix à un ton d'autorité chrétienne.)
                    ne vous emportez pas !

Orgon, saisi par le ton de l'avertissement, s'arrête, s'incline, ôte respectueusement son chapeau. Après un court silence, Tartuffe continue d'un ton plus reposé :

J'aimerais mieux *souffrir* la peine la plus dure,
Qu'il eût reçu pour moi la moindre égratignure.

ORGON, attendri, à son fils.

Ingrat !

TARTUFFE, doux.

Laissez-le en paix.

(Chaleureusement.)

S'il faut, *à deux genoux*,
Vous demander sa grâce...

ORGON, entraîné.
« Se jetant lui aussi à deux genoux, et embrassant Tartuffe. » (*Edition de 1734.*)

Hélas !... Vous moquez-vous ?

(Se retournant du côté de son fils sans cesser d'être à genoux, tenant toujours Tartuffe dans ses bras, et la voix pleine de larmes.)

Coquin, vois sa bonté¹ !...

---

¹ « Les personnes trop délicates, à qui l'agenouillement risible des deux acteurs paraîtrait dégénérer en farce invraisemblable, ne blâmeront plus son excès de ridicule, en apprenant à quelles hautes sources Molière puisait la vérité. Quand le duc de Montmorency fut condamné à une peine capitale par l'ordre du cardinal de Richelieu, la princesse de Condé vint solliciter sa grâce en se jetant aux pieds du ministre-prélat, qui de son côté se jeta aux genoux de la princesse, en la priant de lui pardonner son refus. » (Népomucène Lemercier.)

Lorsque M¹¹ᵉ Clairon alla faire visite à Voltaire, à Ferney, dès qu'elle entra dans le salon, Voltaire se mit à deux genoux devant elle, M¹¹ᵉ Clairon en fit autant, et tous deux, les bras étendus, restèrent en admiration l'un devant l'autre. Une gravure à l'eau-forte de Huber a reproduit cette scène, à laquelle il assistait.

DAMIS, étouffé par la colère.

Donc...

ORGON

Paix !

DAMIS

Quoi ?... Je...

ORGON, lui fermant impérieusement la bouche.

Paix, dis-je.

(Il fait relever Tartuffe.)

Je sais bien *quel motif* à l'attaquer t'oblige.

(Il lui essuie les genoux.) — D'un ton animé :

Vous *le baissez* tous ; — et je vois aujourd'hui
Femme, enfants et valets *déchaînés* contre lui.
On met *impudemment* toute chose en usage
Pour *ôter de chez moi* ce dévot personnage ;
Mais *plus* on fait d'efforts afin de le bannir,

(Avec obstination.)

Plus j'en veux employer à l'y mieux retenir ;

(Détendant la voix.)

Et je vais me hâter de lui donner ma fille,
Pour *confondre* l'orgueil de toute ma famille.

DAMIS, outré.

A recevoir sa main on pense l'obliger ?

ORGON, colère et affirmatif.

Oui, traître; *et dès ce soir*, pour vous faire enrager.

(Orgueilleusement.)

Ah ! je vous brave tous, et vous ferai connaître
Qu'il faut *qu'on m'obéisse*, et que je suis le maître.

(Changement de ton — autoritaire.)

Allons, — *qu'on se rétracte ;* — et qu'à l'instant, — fripon,
On se jette à ses pieds — pour demander pardon.

DAMIS, au comble de l'indignation.

Qui ? — moi ! — de *ce coquin*, — qui, par ses impostures...

ORGON, ne se possédant plus.

Ah ! tu résistes, *gueux !*... — et lui dis des injures?..
Un bâton ! Un bâton !

(A Tartuffe.)

Ne me retenez pas !

Ici se place un jeu de scène, pratiqué encore aujourd'hui, et que par cette raison je crois utile de discuter. — Orgon, en furie, voulant battre son fils, crie à Tartuffe de ne point le retenir. Tartuffe est resté immobile sur le devant de la scène, et la tranquillité de son attitude témoigne qu'il n'a nullement l'intention d'empêcher Orgon de rosser son enfant. Auger constate que ce lazzi fait rire, Perlet le constate aussi, et tous deux s'accordent pour le blâmer. Ce jeu de scène remonte-t-il jusqu'à Molière? Il faut en douter, la *Lettre sur l'Imposteur* n'en fait aucune mention. Il est toutefois certain qu'au temps de Cailhava il était en usage : j'ai connu quelques-uns des acteurs qui jouaient Tartuffe quand il a écrit son livre, et Devigny, l'un de ceux-là, n'a jamais manqué de l'utiliser. Si Cailhava, qui exerce si sévèrement sa critique sur la façon dont on joue Molière de son temps, ne s'élève pas contre cette tradition, c'est qu'apparemment il la tient pour bonne, et cependant le peu de vraisemblance de l'action doit donner à réfléchir à l'acteur appelé à jouer Tartuffe. Est-il possible que le même homme, qui vient de s'agenouiller en pleurant pour demander la grâce de Damis, se tienne coi devant la menace que fait son père de lui donner des coups de bâton ? Ne serait-ce pas au contraire le moment d'étreindre Orgon dans ses bras pour l'empêcher de se porter à la violence dont il menace son fils ? Ce mouvement, d'une vérité absolue, serait assurément d'un effet comique. Molière ne l'a pas indiqué, mais il n'a pas indiqué non plus celui que l'on observe. Dans tous les cas, je crois qu'en demandant un bâton, Orgon doit penser naturellement que Tartuffe, si indulgent tout à l'heure pour son fils, va encore s'opposer à ce qu'il le batte : « *Ne me retenez pas* » est un mot qui lui échappe avant que Tartuffe ait pu avoir le temps de le retenir. Mais il faut que celui-ci se garde bien, comme je l'ai vu faire parfois, de témoigner par sa physionomie le plaisir qu'il aurait à voir Orgon exécuter sa menace. Un faible mouvement d'intervention peut suffire pour concilier la vérité avec l'effet comique.

(A son fils.)

Sus ; — que de ma maison *on sorte de ce pas*,
Et que d'y revenir on n'ait jamais l'audace.

DAMIS, avec résolution.

Oui, je sortirai !...

(Se retournant avec impétuosité pour répliquer encore.)

Mais...

ORGON, marchant sur lui, en fureur.

Vite, quittons la place...

(Damis disparaît par la porte à la droite de l'acteur. — Orgon le poursuit de la voix.)

Je te prive, *pendard*, de ma succession,
Et te donne, de plus, ma malédiction.

SCÈNE VII
ORGON, TARTUFFE

ORGON
(Il revient à Tartuffe, qu'il serre affectueusement dans ses bras.)

Offenser de la sorte une sainte personne !

TARTUFFE, les yeux au ciel, avec onction.

O Ciel ! pardonne-lui — *comme je lui pardonne !*

(A Orgon, avec émotion.)

Si vous pouviez savoir — avec quel déplaisir
Je vois — qu'envers mon frère — on tâche à me noircir...

ORGON

Hélas !

TARTUFFE, sensibilité croissante, voix entrecoupée.

Le seul penser de cette ingratitude
Fait souffrir à mon âme... un *supplice* si rude ;
L'horreur que j'en conçois.... J'ai le cœur si serré...
Que je ne puis parler, — et crois que j'en mourrai.

(Il tombe accablé sur une chaise.)

ORGON, qui l'a soutenu, et aidé à s'asseoir, courant à la porte par où il a chassé son fils — et criant d'une voix forte, coupée par un sanglot :

Coquin ! — Je me repens que ma main t'ait fait grâce,
Et ne t'ait pas d'abord *assommé* sur la place.

(Revenant à Tartuffe, et d'une voix attendrie.)

Remettez-vous, mon frère, et ne vous fâchez pas.

TARTUFFE, larmoyant.

Rompons, — rompons le cours — de ces fâcheux débats.
Je regarde céans quels grands troubles j'apporte,
Et crois qu'il est besoin, mon frère, que j'en sorte.

ORGON, se révoltant contre la proposition.

Comment !... Vous moquez-vous ?

TARTUFFE, ton peiné d'un homme persécuté et méconnu.

On m'y hait, — et je voi —
Qu'on cherche à vous donner des soupçons de ma foi.

ORGON, indigné.

Qu'importe ?... — Voyez-vous que mon cœur les écoute ?

TARTUFFE, même inflexion gémissante.

On ne manquera pas de *poursuivre* sans doute,
(Adroite précaution contre une scène qui renouvellera celle qui vient d'avoir lieu, si Elmire, « s'écartant de la discrétion qu'elle vient de faire paraitre », venait à confirmer l'accusation de Damis.)
Et ces mêmes rapports — qu'ici — vous rejetez,
Peut-être, — *une autre fois* — seront-ils écoutés.

ORGON, protestant énergiquement contre cette supposition.

Non, mon frère, *jamais*.

TARTUFFE, insistant plus fortement.

Ah ! mon frère, UNE FEMME
Aisément — d'un mari — peut bien surprendre l'âme.

ORGON, avec force.

Non, non.

TARTUFFE, supplication pleine d'affection.

Laissez-moi vite, — en m'éloignant d'ici,
Leur ôter tout sujet de m'attaquer ainsi.

ORGON, presque impérieux.

Non, vous demeurerez ;
(Plus tendre.)
il y va de ma vie.

TARTUFFE semble se résigner, regarde affectueusement Orgon, et dit avec un soupir :

Hé bien !... Il faudra donc que *je me mortifie*...

(Mais, après une courte réflexion, il se retourne encore vers Orgon, et l'implore de nouveau.)

Pourtant... Si vous vouliez...

ORGON, offensé.
Ah !

TARTUFFE, changement de ton. Grave, ferme : les instances d'Orgon ne lui permettent plus d'insister.

Soit : — n'en parlons plus.
Mais *je sais* comme il faut en user là-dessus.
L'honneur est délicat ; — et l'amitié m'engage
A *prévenir* les bruits et les sujets d'ombrage :
Je *fuirai votre épouse*, — et vous ne me verrez...

TARTUFFE

ORGON, se récriant.

Non, — en dépit de tous, — *vous la fréquenterez*.
Faire enrager le monde est ma plus grande joie.
Et je veux — qu'à toute heure — avec elle on vous voie.

(Animé.)

Ce n'est pas tout encor : pour les mieux braver tous,
Je ne veux point avoir d'autre héritier — *que vous;*
Et je vais, — de ce pas — en fort bonne manière,
Vous faire — de mon bien — *donation entière.*

(Cordial.)

Un *bon* et *franc ami* — que pour gendre je prends,
M'est bien plus cher *que fils,* — *que femme,* — *et que parents.*

« Avec la plus grande humilité du monde, et tremblant d'être refusé » :
(*Lettre sur l'Imposteur.*)

N'accepterez-vous pas ce que je vous propose ?

TARTUFFE, un temps. — « Fort chrétiennement »
(*Lettre sur l'Imposteur*) :

La volonté du Ciel soit faite en toute chose !

ORGON, heureux et attendri.

Le pauvre homme !

(Chaudement et en hâte.)

     Allons vite en dresser un écrit ;
Et que puisse l'envie *en crever* de dépit !

(Ils sortent par la porte du fond : Orgon est agité, Tartuffe, maître de lui, beaucoup plus calme ; arrivés sur le seuil de la porte, Orgon s'efface respectueusement et fait passer Tartuffe le premier.

ACTE QUATRIÈME

SCÈNE PREMIÈRE
CLÉANTE, TARTUFFE

(Ils entrent du fond.)

(Ils continuent une conversation commencée. La physionomie de Tartuffe témoigne une impatience et une mauvaise humeur contenues ; il se sait en face d'un homme que ses mômeries ne peuvent abuser et qui voit clair dans le fond de son âme.)

CLÉANTE

Le ton de Cléante a de l'autorité, de la gravité et un peu d'animation.

Oui, — tout le monde en parle, — et vous pouvez m'en croire,
L'éclat que fait ce bruit *n'est point à votre gloire ;*
Et je vous ai trouvé, monsieur, fort à propos
Pour vous *en dire net* ma pensée en deux mots :

(Glissant sur l'inutilité d'approfondir le reproche fait à Damis.)

Je n'examine point à fond ce qu'on expose,
Je passe là-dessus, et prends au pis la chose.

(Raisonnement.)

Supposons que Damis n'en ait pas bien usé,
Et que ce soit *à tort* qu'on vous ait accusé.

TARTUFFE

N'est-il point *d'un chrétien* de pardonner l'offense,
Et *d'éteindre en son cœur* tout désir de vengeance?
Et devez-vous souffrir, — *pour votre démêlé*,
Que du logis d'*un père* — *un fils* soit exilé?

(De plus en plus grave.)

Je vous le dis encore, — et parle avec franchise,
Il n'est petit ni grand qui ne s'en scandalise;
Et, — si vous m'en croyez, — vous pacifierez tout,
Et ne pousserez point les affaires à bout.

(Exhortation qu'un homme pieux comprendra :)

Sacrifiez à Dieu toute votre colère,
Et remettez *le fils* en grâce avec *le père*.

TARTUFFE, indulgence affectée :

Hélas! je le voudrais, quant à moi, de bon cœur,
Et ne garde pour lui, monsieur, aucune aigreur.
Je lui pardonne tout; de rien je ne le blâme,
Et voudrais le servir du meilleur de mon âme.

(Changement de ton, grave, austère; il s'agit malheureusement vis-à-vis de Damis de l'accomplissement d'un devoir.)

Mais — *l'intérêt* DU CIEL — n'y saurait consentir,
Et, — *s'il rentre céans*, — c'est à moi d'en sortir.

(Déplorant la faute impardonnable de Damis.)

Après *son action, qui n'eut jamais d'égale,*
Le commerce — entre nous — porterait du scandale;

(Prêt à sacrifier son intérêt, il ne sacrifiera jamais son devoir.)

Dieu sait ce que d'abord tout le monde en croirait,

(Quelle honte! quel scandale!)

A pure politique on me l'imputerait :
Et l'on dirait partout — que, — *me sentant coupable*,
Je feins — pour qui m'accuse — un zèle charitable;
Que mon cœur l'appréhende, et veut le ménager,
Pour le pouvoir, *sous main*, au silence engager.

CLÉANTE, impatienté, ne se faisant point d'illusion.

Vous nous *payez ici* d'excuses *colorées*,
Et toutes vos raisons, — monsieur, — sont trop tirées.
Des *intérêts du Ciel* pourquoi vous chargez-vous?
Pour *punir le coupable* — a-t-il besoin de vous ?
Laissez-lui, laissez-lui le soin de ses vengeances :
Ne songez qu'*au pardon* qu'il prescrit des offenses !
Et ne regardez point aux jugements humains,
Quand vous suivez *du Ciel* les ordres souverains.
Quoi ! le faible intérêt *de ce qu'on pourra croire*
D'une bonne action *empêchera* la gloire !

(Affirmation de la bonne doctrine.)

Non, non, — faisons toujours *ce que le Ciel prescrit*,

(Négligence du reste.)

Et d'aucun autre soin ne nous brouillons l'esprit.

TARTUFFE, mélange de raideur et d'impatience dissimulée, appuyant
sur le premier hémistiche :

Je vous ai déjà dit que mon cœur lui pardonne,
Et c'est faire — *monsieur*, — ce que le Ciel ordonne.

(Indignation factice.)

Mais, après le scandale et l'affront d'aujourd'hui,
Le Ciel *n'ordonne pas* que *je vive* avec lui.

CLÉANTE, un peu emporté.

Et vous ordonne-t-il, — monsieur, — d'ouvrir l'oreille
A ce qu'*un pur caprice* à son père conseille,
Et *d'accepter le don* qui vous est fait d'un bien
Où le droit *vous oblige* à ne prétendre rien ?

TARTUFFE, sourire de suprême dédain.

Ceux qui me connaîtront n'auront point la pensée
Que ce soit un effet d'une âme intéressée.

(Prêchant et d'un ton de détachement.)

Tous les biens de ce monde ont pour moi peu d'appas,
De leur éclat trompeur je ne m'éblouis pas ;

(Se résignant.)

Et si je me résous à recevoir du père
Cette donation

(Du ton le plus indifférent.)

    qu'il a voulu me faire,
Ce n'est, — à dire vrai,

(Précaution d'un casuiste qui explique un acte équivoque en vue d'une action louable.)

    que parce que je crains
Que tout ce bien ne tombe *en de méchantes mains*,
Qu'il ne trouve des gens, — qui, — l'ayant en partage,
En fassent dans le monde *un criminel usage*,
Et ne s'en servent pas, — *ainsi que j'ai dessein*,

(Dévotement.)

Pour *la gloire du Ciel*, et le bien du prochain.

CLÉANTE, de plus en plus outré, fait comprendre sans ménagement à l'imposteur que « ses clins d'yeux et ses élans affectés » n'ont aucune prise sur lui :

Hé ! monsieur, n'ayez point *ces délicates craintes*
Qui d'un juste héritier peuvent causer les plaintes ;
Souffrez, *sans vous vouloir embarrasser* de rien,
Qu'il soit, — *à ses périls*, — possesseur de son bien ;
Et songez qu'*il vaut mieux* encor qu'il en mésuse,
Que si — *de l'en frustrer*, — il faut qu'on vous accuse.

(Avec un peu d'irritation.)

J'admire seulement que, *sans confusion*,
Vous en ayez souffert la proposition ;

(Animation croissante.)

Car enfin, — *le vrai zèle* — a-t-il quelque maxime
Qui montre à dépouiller l'héritier légitime ?
Et s'il faut *que le Ciel* dans votre cœur ai mis
Un *invincible* obstacle à vivre avec Damis,

(Tartuffe est insensible à un sentiment moral, peut-être Cléante le croit encore accessible à la crainte de l'opinion publique.)

Ne vaudrait-il pas mieux qu'en *personne discrète*
Vous fissiez de céans une *honnête retraite*,
Que de souffrir ainsi, contre toute raison,
Qu'on *en chasse* pour vous *le fils de la maison ?*

(Ferme admonition.)

Croyez-moi, — c'est donner de votre prud'homie,
Monsieur...

TARTUFFE

Son immobilité silencieuse pendant le discours de Cléante a pu faire croire à celui-ci que ses raisonnements faisaient enfin quelque impression sur son esprit ; mais la distraction de son regard et un vague ennui répandu sur sa physionomie font comprendre qu'il n'écoute même pas ce que lui dit son interlocuteur ; il tire lentement sa montre de sa poche sur les derniers mots de Cléante, et l'interrompt froidement en lui montrant l'heure :

Il est, monsieur, trois heures et demie ;
Certain devoir pieux me demande là-haut,

(Politesse glaciale et respectueuse :)

Et vous m'excuserez de vous quitter si tôt.

(Après un profond salut, il sort à pas mesurés par la porte à la gauche de l'acteur. Arrivé sur le seuil, il se retourne et jette sur Cléante, qui a gagné le côté droit de la scène, un coup d'œil prolongé et satisfait ; il triomphe intérieurement de celui dont il a renoncé à faire sa dupe.

CLÉANTE, seul. — Cri sourd d'indignation qui lui échappe.

Ah !

SCÈNE II

DORINE, CLÉANTE, MARIANE, ELMIRE

Elles entrent par la porte à droite de l'acteur, Mariane affligée, Elmire la console.

DORINE, allant droit à Cléante. Inquiète et chagrine.

De grâce, avec nous employez-vous pour elle,
Monsieur ;

(Montrant Mariane.)

— son âme souffre une douleur mortelle ;
Et l'accord, que son père a conclu *pour ce soir*,

La fait, à tous moments, entrer en désespoir.
Il va venir.

(Un peu plus animée.)

Joignons nos efforts, je vous prie,
Et tâchons d'ébranler, de force ou d'industrie,
Ce malheureux dessein qui nous a tous troublés.

SCÈNE III

CLÉANTE, ORGON, MARIANE, ELMIRE,
DORINE, au fond.

ORGON. Il entre par la porte du fond, et tient un contrat à la main.

Ah ! Je me réjouis de vous voir assemblés.

(A Mariane.)

Je porte en ce contrat de quoi vous faire rire,
Et vous savez déjà ce que cela veut dire.

MARIANE, se jetant aux genoux de son père.
(Supplication animée, respectueuse, et qui, vers la fin du couplet, ira jusqu'aux larmes.)

Mon père, — au nom du Ciel, qui connaît ma douleur,
Et par tout ce qui peut émouvoir votre cœur,
Relâchez-vous un peu des droits de la naissance,
Et dispensez mes vœux de cette obéissance.
Ne me réduisez point, par cette dure loi,
Jusqu'à me plaindre au Ciel de ce que je vous doi ;
Et cette vie, — hélas ! que vous m'avez donnée,
Ne me la rendez pas, MON PÈRE, infortunée.

(Très émue.)

Si, contre un doux espoir que j'avais pu former,
Vous me défendez d'être à ce que j'ose aimer,

(Plus chaleureuse.)

Au moins, par vos bontés, qu'à vos genoux j'implore,
Sauvez-moi du tourment d'être *à ce que j'abhorre*,
Et ne me portez point à quelque désespoir,
En vous servant sur moi de tout votre pouvoir.

ORGON, « se sentant attendrir ». (Edition originale.)

Allons, ferme, mon cœur ! point de faiblesse humaine !

Orgon se raidit contre lui-même et la dureté du sentiment qu'il exprime est le fruit des exhortations de Tartuffe sur les détachements humains : « Il m'enseigne à n'avoir d'affection pour rien. » (Acte Iᵉʳ, sc. VI.)

MARIANE, renfonçant ses larmes et espérant que sa proposition pourra modifier la résolution de son père, et détourner le coup qui la menace :

Vos tendresses pour lui ne me font point de peine ;
Faites-les éclater, — donnez-lui votre bien,

(Grand accent de sincérité.)

Et, si ce n'est assez, *joignez*-y tout le mien ;
J'y consens de bon cœur, et je vous l'abandonne :

(Très suppliante et très émue.)

Mais, au moins, *n'allez pas jusques à ma personne ;*
Et souffrez qu'un couvent, dans les austérités,
Use les tristes jours que le Ciel m'a comptés.

ORGON, ironique et dur.

Ah ! voilà justement de mes religieuses,
Lors qu'un père combat leurs flammes amoureuses !

(Très sec.)

Debout !

(Cléante, qui a passé derrière Orgon, et Elmire aident Mariane à se relever.)

Plus votre cœur *répugne* à l'accepter,
Plus ce sera pour vous *matière à mériter*.
Mortifiez vos sens avec ce mariage,
Et ne me rompez pas la tête davantage.

(Mariane ainsi rebutée remonte la scène soutenue par Cléante, qui la fait asseoir près de la table à droite.)

DORINE, revenue au n° 1.

Mais quoi !...

ORGON, très vigoureusement. (Il a le ressentiment de la scène qui a eu lieu entre eux au second acte.)

Taisez-vous, *vous*. — Parlez à votre écot.
Je vous défends tout net — d'oser dire un seul mot.

CLÉANTE, quittant Mariane et descendant auprès d'Orgon, du ton le plus modéré :

Si par quelque conseil vous souffrez qu'on réponde...

ORGON, sec et net.

Mon frère, — vos *conseils* sont les meilleurs du monde :
— Ils sont bien raisonnés, — et j'en fais un grand cas ;
— Mais vous trouverez bon que je n'en use pas.

Cléante, découragé, remonte auprès de Mariane. Il occupe le n° 1, Mariane le n° 2 et Dorine le n° 3.

ELMIRE

(Pendant tout ce qui a précédé, Elmire s'est abstenue de parler. Mais voyant l'inutilité des représentations et des prières faites à

Orgon, elle prend enfin la parole, avec une sorte d'étonnement et d'impatience :

A voir ce que je vois — je ne sais plus que dire ;
Et *votre aveuglement* fait que je vous admire.

(Plus ferme.)

C'est être *bien coiffé*, bien *prévenu* de lui
Que de *nous démentir* sur le fait d'aujourd'hui !

ORGON, moqueur et entêté.

Je suis votre valet, — et *crois* les apparences.
Pour mon fripon de fils je sais vos complaisances ;
Et vous avez *eu peur* de le désavouer
Du trait qu'à ce pauvre homme il a voulu jouer.

(Avec pénétration et malignement.)

Vous étiez trop tranquille, enfin, pour être crue ;
Et vous auriez paru *d'autre manière* émue.

ELMIRE, simplicité d'une femme honnête, très au-dessus des attaques inconvenantes dont elle peut être l'objet.

Est-ce qu'au simple aveu d'un amoureux transport
Il faut que notre honneur *se gendarme* si fort ?

(Ironique, l'accentuation des termes qu'elle emploie tend à ridiculiser l'exagération pudique qu'Orgon lui reproche de n'avoir pas témoignée.)

Et ne peut-on répondre à tout ce qui le touche
Que le FEU dans les yeux — et l'INJURE à la bouche ?

(Haussement d'épaules, légèreté dédaigneuse.)

Pour moi, — de tels propos je me ris simplement :
Et l'éclat — là-dessus — ne me plaît nullement.

(Gracieuse et souriante.)

J'aime, qu'avec douceur, nous nous montrions sages;
Et ne suis point du tout pour ces prudes *sauvages*,
Dont l'honneur est armé *de griffes* et *de dents*
Et veut — au moindre mot — *dévisager* les gens.
Me préserve le Ciel d'une telle sagesse !

(Vivacité de bonne humeur.)

Je veux une vertu qui ne soit point *diablesse*,
Et crois que d'un refus la *discrète froideur*

(Changement de voix qui indique sa finesse et l'efficacité d'un moyen qui lui a réussi.)

N'en est pas moins puissante à rebuter un cœur.

ORGON, fort peu convaincu et ricanant.

Enfin, je sais l'affaire, et ne prends point le change.

ELMIRE, excitée.

J'admire, encore un coup, cette faiblesse étrange.

Poussée à bout.
« Saisie d'une idée nouvelle. » (Mme Talma.)

Mais... que me répondrait votre incrédulité,
Si je *vous faisais voir* qu'on vous dit vérité ?

ORGON

Voir !

(Dorine, l'attention un peu éveillée, revient au n° 5.)

ELMIRE

« Encouragée. — Toute cette scène se dit avec chaleur et vivacité. »
(Mme Talma.)

Oui.

ORGON, haussant les épaules.

Chansons !

ELMIRE, impatience plus marquée. Effort pour se modérer.

Mais quoi? si je trouvais manière
De vous le faire voir avec plus de lumière ?

ORGON (tarare !)

Contes en l'air !

ELMIRE, outrée.

Quel homme ! — *Au moins* répondez-moi.

(Faisant la partie belle à Orgon par une concession sur son scepticisme.)

Je ne vous parle pas de nous ajouter foi :
Mais...

(Coupant sa phrase, et insistant sur chacun de ses termes.)

Supposons *ici*, — que — *d'un lieu qu'on peut prendre*,
On vous fît *clairement* — *tout voir*, — et *tout entendre*,

(Changement de ton.)

Que *diriez-vous* alors, de votre homme de bien ?

ORGON, un peu désarçonné.

En ce cas... je dirais... que...

(Avec force, et comme honteux de son mouvement d'hésitation.)

Je ne dirais rien,
Car cela ne se peut.

ELMIRE, blessée. — « Elle ne peut souffrir plus longtemps l'entêtement de son mari, et dans le reste de la scène, elle prend un ton plus décidé. » (Mᵐᵉ Talma.)

L'erreur trop longtemps dure,
Et c'est trop condamner ma bouche d'imposture.

(Prenant sa résolution, — ton d'autorité très animé.)

Il faut que *par plaisir* — et sans aller plus loin,
De tout ce qu'on vous dit, *je vous fasse témoin*.

ORGON, entraîné, certain de la victoire.

Soit : *Je vous prends au mot*, — nous verrons votre adresse,
Et *comment* vous pourrez remplir votre promesse.

ELMIRE à Dorine, très animée.

Faites-le-moi venir.

DORINE, inquiète et quelque peu douteuse.

Son esprit est rusé,
Et peut-être à surprendre il sera mal aisé.

ELMIRE

(Elle se tourne vivement, mais de la tête seulement, du côté de Dorine, la regarde bien en face avant de lui répondre, sourit en femme sûre de sa puissance, et, après un court moment, lui dit avec une voix pleine de coquetterie et d'assurance :

Non : on est aisément dupé par ce qu'on aime,
Et l'amour-propre engage à se tromper soi-même —
Faites-le-moi descendre.

Lier — ainsi que le faisait Mˡˡᵉ Mars — cet hémistiche au vers qui le précède : cette façon de phraser aidait à affirmer sa confiance dans la réussite de son projet, et sa sécurité sur le résultat de son entretien avec Tartuffe.

« Ici, dit Mme Talma, au sujet de ces trois derniers vers, j'ai vu des actrices (probablement Mlle Contat et Mlle Mars) produire un effet qui me semble entièrement en opposition avec le caractère d'Elmire. Pour la première fois elle se voit obligée d'employer la feinte, et c'est bien à regret. Elmire n'est point une coquette ; elle ne doit pas se montrer sûre de son fait, comme le serait une femme accoutumée à ces sortes d'essais et qui s'est persuadée que tous les cœurs seront à sa disposition du moment où elle le voudra. Non, elle va tenter une épreuve dans laquelle elle espère réussir. Cependant elle éprouve une grande émotion ; et c'est par le mélange de hardiesse, de crainte et de courage que l'effet doit être produit. »

J'ai le regret de ne point partager l'opinion de Mme Talma, et d'être de l'avis des actrices qu'elle critique. Elmire vient de faire la remarque qu'un homme passionné est facile à séduire, et Diderot a loué Molière de lui avoir fait faire cette remarque ; elle sait l'empire qu'elle exerce sur Tartuffe, et là-dessus « *elle est sûre de son fait* ». Que Dorine doute de la puissance de cet amour, à la bonne heure ; mais Elmire, non pas. C'est là même où réside l'intérêt de la scène qui va se jouer. Tartuffe entre, et le spectateur peut se demander qui aura raison de Dorine ou d'Elmire.

Je m'étonne d'autant plus de la critique de Mme Talma qu'elle dit encore au sujet de ces mêmes vers d'Elmire : « En femme d'esprit qui sait à quoi s'en tenir sur la faiblesse humaine, elle explique clairement sur ce qui fonde son espérance. » Cette observation très juste n'est-elle pas la critique de ce qu'elle a dit plus haut ?

(A Cléante et à Mariane :)

Et vous, retirez-vous.

(Dorine sort par la porte à la gauche de l'acteur. Cléante et Mariane, par la porte du fond qui reste ouverte.

SCÈNE IV

ORGON, ELMIRE

« Dans cette scène, Elmire doit avoir une agitation qu'elle ne laisse point voir à son mari. . . . .

« Cette nuance est des plus délicates ; elle doit servir à donner de la vie, de la vivacité au débit, car l'émotion causée par une circonstance extraordinaire inspire toujours une grande énergie à laquelle on n'est point accoutumé. »

(Mme TALMA.)

ELMIRE, un peu fébrile :

Approchons cette table, et vous mettez dessous.

(Bret, qui a donné en 1773 une édition des Œuvres de Molière, trouve « que le soin d'approcher cette table sent un peu la machine, et voudrait que dans l'appartement où se passe la pièce, il y eût, dès le commencement, une table couverte d'un grand tapis que Tartuffe eût toujours vue à la même place ». Le vœu de Bret a été exaucé, et, depuis longtemps, à la Comédie-Française, la table et le tapis sont disposés comme il a désiré qu'ils le fussent. Pourquoi, en effet, « approcher la table ? » Orgon d'abord ne résiste-t-il pas à la demande que lui en fait sa femme ? et lorsque sur ses instances il consent à se cacher dessous, il importe peu assurément que cette table soit plus ou moins au milieu de la salle ; la seule chose essentielle, c'est que Tartufe ne se doute pas du piège et ne puisse soupçonner la présence d'Orgon. Sous ce point de vue, la remarque de Bret avait de la valeur.

Une gravure qui illustre la seconde édition de *Tartuffe*, celle de 1669, représente un des incidents de la scène v^e et laisse voir un flambeau allumé sur la table ; en outre, dans le *Mémoire des décorations* conservé aux manuscrits français de la Bibliothèque Nationale (n° 24 330), lequel mémoire fort curieux a été dans le passé le livre-répertoire du régisseur ou du donneur d'accessoires de la Comédie-Française, on voit qu'il est besoin, pour la mise en scène de *Tartuffe*, de deux fauteuils, d'une table avec un tapis dessus, de *deux flambeaux* et d'une batte. Les flambeaux sont absolument inutiles, et (si tant est qu'on les ait jamais employés) on a bien fait de les supprimer. Qui pourrait d'ailleurs les allumer ? Dorine, seule, pourrait prendre ce soin ; mais à quel moment ? Et puis, Tartuffe, dans la scène qui précède, ne vient-il pas de dire qu'il est *trois heures et demie*, et comme Cléante, au premier acte, a dit de son côté : *La campagne à présent n'est pas beaucoup fleurie*, il en résulte que c'est au printemps que se passe l'action, et en mars ou en avril il fait plein jour à trois heures et demie. Donc, il est non seulement inutile, mais contraire à la vérité, d'allumer des flambeaux.

ORGON, étonné.

Comment !

ELMIRE, vivement.

Vous bien cacher est un point nécessaire.

ORGON (question qui implique un refus).

Pourquoi sous cette table ?

ELMIRE, « avec une impatience et une vivacité marquées ». — (Mᵐᵉ Talma.)

Ah ! Mon Dieu ! Laissez faire ;
J'ai mon dessein en tête, et vous en jugerez.

(Avec autorité :)

Mettez-vous là, vous dis-je. — Et quand vous y serez,

(Recommandation de la plus haute importance :)

Gardez qu'on ne vous voie et qu'on ne vous entende.

ORGON, haussant les épaules, se blâmant lui-même.

Je confesse qu'ici ma complaisance est grande.
Mais de votre entreprise il vous faut voir sortir.

(En disant ce dernier vers il passe devant la table, soulève le pan du tapis qui fait face à la coulisse, à la droite de l'acteur, s'agenouille et se glisse sous la table.)

ELMIRE, avec confiance :

Vous n'aurez, que je crois, rien à me repartir.

Orgon, qui a disparu sous la table, a relevé le côté du tapis qui fait face au public. Il est assis par terre ou agenouillé, et c'est dans cette attitude, le regard tourné vers Elmire, que celle-ci, à sa gauche, appuyée sur le coin de la table, lui adresse le couplet qui va suivre.

Nous touchons à la situation la plus délicate du rôle d'Elmire, celle qui a été l'objet des discussions dont je parle dans la note que j'ai consacrée au caractère du rôle ; je ne saurais mieux faire, pour éclairer la question, que de transcrire les observations que cette scène a suggérées à deux éminents éditeurs de Molière, Auger et Aimé Martin :

« J'ai regret, c'est Auger qui parle, d'avoir à dire qu'ordinairement le parterre a le mauvais goût d'accueillir ce vers avec une gaîté embarrassante pour les femmes honnêtes. Certainement Molière, quoiqu'il ne dédaignât pas toujours assez d'exciter le rire aux dépens de la pudeur, n'a pas aspiré ici à produire un tel effet ; il aurait craint, en prêtant à Elmire l'ombre même d'une équivoque libertine, de profaner les grâces décentes dont il s'est plu à la décorer. Le tort de l'allusion est donc tout entier à ceux qui la saisissent ; et l'actrice mériterait sa part du blâme, si elle n'avait en ce moment, plus qu'en aucun autre endroit de son rôle, l'air, le maintien et l'accent le plus modestes. »

« Orgon, dit à son tour Aimé Martin, est sous la table ; Tartuffe va paraître, la curiosité est au comble, lorsque par un coup de l'art le poète se hâte de la suspendre : c'est qu'il a besoin de préparer l'esprit des spectateurs à la scène qui va suivre. Ces vers en sont, pour ainsi dire, la préface. Elmire les adresse à Orgon, pour se donner toute liberté d'action ; le poète les adresse au public, pour lui rappeler la position d'Elmire, la crédulité d'Orgon, et la nécessité de tromper l'hypocrite afin de le confondre. En un mot, la pudeur d'Elmire rend cette préparation nécessaire, et la délicatesse du public la commande. L'actrice chargée du rôle d'Elmire ne saurait trop se pénétrer de cette double intention du poète. Si elle prononce ces vers d'un ton léger et railleur, le public ne verra dans la scène suivante que le manège d'une coquette ; si elle veut exciter le rire en faisant naître l'idée d'indécentes équivoques, elle inspirera le dégoût. Mais si, en rassemblant ses forces, elle laisse apercevoir l'émotion de la pudeur souffrante, si elle montre encore la contrainte d'une belle âme qui ne peut se décider sans efforts à nuire même au méchant, elle aura habilement saisi l'esprit de son rôle, et cette disposition naturelle sera pour Tartuffe un piège plus dangereux que toute l'adresse de la coquetterie la plus raffinée. En traçant ce portrait de l'actrice parfaite, nous étions plein du souvenir de Mlle Mars ; et, en vérité, ce n'est point exagérer l'éloge que de dire que cette grande actrice joue le rôle comme si Molière lui-même lui en avait révélé les intentions. »

Que les jeunes comédiennes sachent profiter des excellents conseils contenus dans les deux articles que je viens de citer. Les vers que dit Elmire ont (que Molière l'ait voulu ou non) un sens équivoque ; leur manière de les dire n'en doit présenter aucun. Qu'elles évitent les réticences, la retenue des mots qui créent les sous-entendus. Heureusement pour elles, le parterre d'aujourd'hui est moins grossier que celui du passé, il a plus de respect pour les œuvres littéraires, et ne se plaît pas aux souillures des applications indécentes qui seraient, aujourd'hui comme alors, de véritables fautes de goût. Mlle Mars, en son temps, avait à lutter contre une tradition établie de rires obscènes : elle sut en triompher ; sa contemporaine, Mlle Levert, actrice d'un rare talent cependant, n'avait point son esprit de mesure ; et loin d'être gênée par la gaillardise du parterre, elle se complaisait à la provoquer ; du jeu si dissemblable des deux actrices résultait un effet du même caractère ; contenu avec l'une, le public se montrait bruyamment gai avec l'autre ; libertin et même un peu grossier avec Mlle Levert, il *redevenait* littéraire et bien élevé avec Mlle Mars.

ELMIRE (avertissement et instante recommandation) :

Au moins, je vais toucher une *étrange* matière.
Ne vous *scandalisez* en aucune manière.
Quoi que je puisse dire, il doit m'être permis,
Et c'est *pour vous convaincre*, ainsi que j'ai promis.

(Changement de ton ; c'est en termes distincts et bien polis qu'elle détaille son plan de conduite.)

Je vais — *par des douceurs* —

(Elle en fait un reproche à son interlocuteur.)

                                      puisque j'y suis réduite,
Faire poser LE MASQUE — à cette âme hypocrite,
Flatter de son amour les désirs effrontés,
Et *donner un champ libre* — à ses témérités.
Comme c'est *pour vous seul*, et pour mieux le confondre,
Que mon âme — à ses vœux — *va feindre* de répondre,

J'aurai lieu de cesser, dès que vous vous rendrez,

(Glissant sur ce vers dit d'une seule émission de voix) :

Et les choses n'iront que jusqu'où vous voudrez.

(Comme un rejet, et avec une certaine force :)

C'est à vous — *d'arrêter* son ardeur insensée,

(Rapidement, et liant l'hémistiche du second vers au vers qui précède :)

Quand vous croirez l'affaire assez avant poussée,
D'épargner votre femme — et de ne m'exposer
Qu'à ce qu'il vous faudra pour vous désabuser.

« Le ton est aisé en apparence ; mais l'agitation de son âme doit être sentie par les spectateurs, car le moment redouté approche. »
(Mme TALMA.)

Ce sont *vos* intérêts, — vous en serez le maître
Et...

(Un regard rapide sur la porte à gauche de l'acteur.)

L'on vient...

(A voix basse, émue, et rejetant sur Orgon le pan du tapis relevé :)

Tenez-vous et gardez de paraître.

(Elle s'éloigne de la table à une courte distance.)

SCÈNE V

ORGON, sous la table, ELMIRE, TARTUFFE

TARTUFFE

Il entre par la porte de gauche, s'arrête à un pas du seuil, salue lentement et froidement, fait un pas ou deux pour descendre en scène, et dit ensuite d'une voix assez sèche :

On m'a dit, qu'en ce lieu, vous me vouliez parler.

ELMIRE, un peu timide et languissante :

Oui. — L'on *a* des secrets à vous y révéler.

(D'un ton de précaution mystérieuse :)

Mais *tirez cette porte* — avant qu'on vous les dise,

(Forte recommandation :)

Et regardez *partout*, — de crainte de surprise.

Étonné de ce qu'on lui demande, et du ton qu'on emploie pour le lui demander, Tartuffe, sans bouger, jette un regard profond sur Elmire, dont l'œil doux et suppliant semble pour compléter sa phrase l'engager à céder à sa prière : il finit par obéir, mais tout en lui indique la méfiance ; il va lentement à la porte du fond que Cléante et Mariane, en se retirant, ont laissée ouverte, et après avoir jeté un regard à droite et à gauche à l'extérieur, il ferme la porte ; mais au moment de redescendre en scène, il est frappé d'une idée : il songe au cabinet où s'est tenu caché Damis pendant son entretien avec Elmire à l'acte précédent ; il va droit à ce cabinet, l'inspecte de l'œil, certain que personne ne peut prêter l'oreille aux « secrets qu'on a à lui révéler », il se rapproche d'Elmire, et un geste muet l'assure que *personne* ne peut l'entendre [1].

ELMIRE

« Elle lève et baisse les yeux en disant avec modestie ces deux premiers vers, et montre l'embarras dans lequel elle se trouve pour arriver à un aveu qui lui pèse : » (Mme TALMA.)

Une affaire pareille à celle de tantôt
N'est pas assurément ici ce qu'il nous faut.

(« Ton caressant d'une femme qui doit tout craindre pour ce qu'elle aime. » — Mme Talma.)

Jamais, il ne s'est vu de surprise de même.

---

[1] Cailhava voudrait que Tartuffe commençât son exploration par le cabinet. Je ne pense pas que cet avis soit bon à suivre.

Damis m'a fait pour vous une frayeur extrême.

(« Appuyer beaucoup sur ce vers pour le faire remarquer. » — M*me* Talma.)

Et *vous avez bien vu* que j'ai fait mes efforts
Pour rompre son dessein, et calmer ses transports.

(Beaucoup d'embarras — invoquant sa maladresse :)

Mon trouble... il est bien vrai... m'a si fort possédée
Que... de le démentir, je n'ai point eu l'idée.

(« Sentiment de soulagement, elle veut que Tartuffe la croie rassurée sur les conséquences que pourraient avoir des relations plus suivies. »
M*me* Talma.)

Mais par là, grâce au Ciel — tout a bien mieux été,

(Un peu mystérieusement :)

Et les choses en sont dans plus de sûreté.

(« Ici Elmire doit affecter un sentiment de pudeur sur lequel l'amour l'emporte. Elle sait que, pour séduire, une femme doit toujours montrer ces deux sentiments réunis. » — M*me* Talma.)

L'estime où l'on vous tient a dissipé l'orage,
Et mon mari — de vous — ne peut prendre d'ombrage.
Pour mieux braver l'éclat des mauvais jugements
Il veut que nous soyons *ensemble* à tous moments,

(« Affectation de la joie intérieure que lui donne cette pensée. »
M*me* Talma.)

Et c'est par où je puis, sans peur d'être blâmée,
Me trouver ici... *seule* —

(Heureuse et craintive.)

avec vous enfermée.

« L'actrice doit dire ces vers en rougissant, en levant à peine les yeux sur Tartuffe, en ayant l'air d'attendre avec anxiété l'effet de ses paroles. »   (M*me* TALMA.)

TARTUFFE

Et ce qui m'autorise à vous ouvrir un cœur...

(Tressaillement de Tartuffe; — transition contenue d'Elmire.)

Un peu trop prompt peut-être à souffrir votre ardeur [1].

TARTUFFE

Pendant tout le couplet d'Elmire, il est demeuré immobile; ses yeux seuls ont marqué un certain trouble intérieur. Il a bien écouté, bien entendu tout ce qu'a dit Elmire, et reste défiant; c'est dans ce sentiment qu'il lui répond, accentuant lentement ses paroles :

Ce langage — à comprendre — est assez difficile,
Madame, —

(Plus profondément :)

   et vous parliez tantôt — d'un autre style.

ELMIRE, reproche mêlé de douceur :

Ah ! si d'un tel refus vous êtes en courroux,
Que le cœur *d'une femme* est mal connu de vous !

« Elmire va donner ici le secret de la défense de la plupart des femmes en pareille circonstance. — Elle doit donc dire ces vers les yeux à moitié baissés, laissant cependant échapper un léger sourire. — Malice, sensibilité affectée, pudeur adroitement employée pour se rendre séduisante. »   (Mme TALMA.)

Et que vous savez peu ce qu'il veut faire entendre,
Lors que si faiblement on le voit se défendre !

(Diction un peu entrecoupée :)

Toujours — notre pudeur — combat, dans ces moments,

---

[1] OBSERVATION GÉNÉRALE SUR CE COUPLET.

« Quelle que soit la force de résolution d'Elmire, car il y va du sort de toute sa famille, quelque décidée qu'elle soit à arracher le masque de Tartuffe, elle doit légèrement faire sentir le malaise d'une honnête femme obligée de jouer un rôle qui lui répugne ; ses avances doivent être indiquées tout à la fois avec finesse et réserve. »

Ce qu'on peut nous donner de *tendres* sentiments.
Quelque raison qu'on trouve à l'amour qui nous dompte,
On trouve *à l'avouer* toujours un peu de honte.
On s'en défend d'abord :

(Plus tendre.)

Mais de l'air qu'on s'y prend,
On fait connaître assez —

(Plus lentement.)

que notre cœur se rend,
Qu'à nos vœux, — *par bonheur* — notre bouche s'oppose,

(Avec beaucoup de ménagement et d'effort :)

Et que de tels refus... PROMETTENT toute chose.

La défiance de Tartuffe a persisté pendant les premiers vers du couplet d'Elmire, et ne s'est dissipée que faiblement et par gradations; mais aux mots « *promettent toute chose* », il ne peut réprimer un mouvement qui indique un commencement de trouble intérieur. Elmire semble se débattre contre la nécessité d'expliquer sa conduite, « et se montre presque honteuse de tout ce qu'elle vient d'avouer par entraînement ». Elle poursuit avec un peu plus de hâte, comme pour essayer de revenir sur ce qu'elle se reproche d'avoir dit :

C'est vous faire sans doute un assez libre aveu,
Et — sur notre pudeur — me ménager bien peu.

(Ton de résolution et de parti pris propre à détruire les doutes que pourrait encore conserver Tartuffe :)

Mais puisque la parole enfin en est lâchée,

(Simplicité persuasive, comme pour lui faire honte de son peu de clairvoyance :)

A retenir Damis *me serais-je attachée ?*
Aurais-je, je vous prie, avec tant de douceur

Écouté *tout au long* l'offre de votre cœur ?
Aurais-je pris la chose ainsi qu'on m'a vu faire

(Mélange affecté de pudeur et d'amour :)

Si l'offre de ce cœur n'eût eu de quoi me plaire ?

(Plus agitée, se servant d'une nouvelle arme, la jalousie :)

Et lorsque j'ai voulu, *moi-même* vous forcer
A refuser l'hymen qu'on venait d'annoncer,

(Plus tendre :)

Qu'est-ce — que cette instance, — a dû vous faire entendre

(Plus tendre encore :)

Que l'intérêt... qu'en vous... on s'avise de prendre...

L'émotion entrecoupe sa voix. Le rôle qu'elle joue vis-à-vis de celui qu'elle veut séduire l'émeut réellement ; elle reste néanmoins en possession d'elle-même ; l'aveu trompeur qu'elle veut faire, elle le fera ; mais son émotion réelle l'aide à faire croire qu'elle est arrivée à un point où elle n'est plus maîtresse de sa passion ; elle achève les deux derniers vers de son couplet d'une voix haletante ; l'amour et la jalousie semblent se combattre en elle.

Et l'ennui... qu'on aurait... que ce nœud qu'on résout
Vint partager du moins un cœur...

(Comme par un effort, et d'une voix étouffée :)

... que l'on veut *tout*[1] !

[1] Ces quatre derniers vers ont attiré l'attention de Sainte-Beuve (*Port-Royal*, t. III, p. 299); il les trouve faibles et même mauvais ; il se demande si l'obscurité de ces vers où les *que* abondent, si leur embarras, en un mot, n'est pas pour traduire celui d'Elmire ? — « Dans ce cas, ajoute-t-il, tout mauvais qu'ils semblent, ils seraient dramatiquement fort bons. Molière, le plus souvent, ne versifiait pas ses vers, il les jouait. Dans la bouche de M⁽ˡˡᵉ⁾ Mars, tous ces *que* devaient jouer le trouble à merveille. »
Que Sainte-Beuve ait pénétré ou non la pensée de Molière, il est certain

Tartuffe a écouté tout ce que vient de dire Elmire, sa figure passant par des gradations successives de défiance, d'étonnement et enfin de ravissement. Tout ce qu'a prévu et annoncé Elmire se réalise de point en point. Il est « aisément dupé par ce qu'il aime », et il est « aveuglé par son amour-propre même ». L'aveu qu'il vient d'entendre, où Elmire semble tout braver, fouler aux pieds la pudeur, le subjugue entièrement, et la jalousie qu'elle témoigne est le dernier coup qui porte la conviction dans son âme.

Il lui répond d'une voix qu'altère sa passion, avec des regards pleins d'ivresse, et dans les termes béats dont il s'est fait une habitude :

TARTUFFE

C'est sans doute, madame..., une *douceur* extrême
Que d'entendre ces mots... *d'une bouche qu'on aime.*
Leur miel — dans tous mes sens — fait *couler à longs traits*
Une *suavité* qu'on ne goûta jamais.

Transition : l'idée qu'il va exprimer, touchant les douces paroles d'Elmire, qui ne sont peut-être, dit-il, qu'un piège qu'elle lui tend, n'est pas le fond de sa pensée, le ton passionné de sa voix l'indique suffisamment ; c'est un artifice qu'il emploie pour obtenir d'elle autre chose que des paroles, et son inflexion a de la précaution :

Mais... ce cœur — vous demande ici la liberté
D'oser douter *un peu* de sa félicité.

(Sourire très doux de méfiance.)

Je puis croire ces mots... un artifice honnête
Pour m'obliger à rompre un hymen qui s'apprête.

(Très ménagé.)

Et, s'il faut... librement... m'expliquer avec vous,

---

que l'actrice doit profiter de l'intention qui lui est prêtée, comme ne manquait pas en effet de le faire Mlle Mars, et rendre par des hésitations l'embarras que les *que* répétés indiquent.

(Baissant peu à peu la voix toujours passionnée.)

Je ne me fierai point à des propos si doux...
Qu'un... peu de vos... faveurs

(Plus chaleureusement ce qui lui reste à dire :)

après quoi je soupire,
Ne vienne m'assurer tout ce qu'ils m'ont pu dire
Et *planter dans mon âme* une constante foi

(Déclaration bien amoureuse.)

Des charmantes bontés que vous avez pour moi.

ELMIRE, « après avoir toussé pour avertir son mari ».

Indication de l'édition originale, qui signifie qu'Elmire pense, après ce que Tartuffe vient de dire, qu'Orgon doit se tenir pour suffisamment éclairé, et qu'il peut se montrer.

Que l'actrice qui joue Elmire n'abuse point de la toux employée pour avertir Orgon; sa fréquence irritée, sa trop grande impatience à tirer et à secouer le tapis de la table sont des jeux de scène qui, trop accentués, pèchent contre la vraisemblance; leur exagération doit nécessairement éclairer Tartuffe sur le piège qu'on lui tend.

L'avertissement donné par Elmire n'ayant pu déterminer Orgon à sortir de sa cachette, elle se voit forcée de répondre à Tartuffe. Embarras mêlé d'un peu d'impatience :

Quoi ! Vous voulez aller avec cette vitesse,
Et d'un cœur... tout d'abord... épuiser la tendresse...

« Espérant qu'elle va être bientôt quitte du rôle embarrassant qu'on l'a forcée à prendre, mais rougissant d'être obligée de le continuer, elle articule avec peine les derniers vers, son embarras est marqué et sa voix peu assurée. » — (M⁻ Talma.)

On se tue — à vous faire un aveu des plus doux ;
Cependant... ce n'est pas encore assez pour vous ?
Et l'on ne peut aller jusqu'à vous satisfaire,
Qu'aux... dernières faveurs... on ne pousse l'affaire.

TARTUFFE, *caressant.*

Moins on mérite un bien, moins on l'ose espérer.
Nos vœux — *sur des discours* — ont peine à s'assurer.
On soupçonne aisément un sort tout plein de gloire,
Et l'on veut en jouir avant que de le croire.

(Se rapprochant d'elle ; à voix couverte, haletante ; très pressant, mais à mots ménagés :)

Pour moi — qui crois si peu mériter vos bontés,
Je doute du bonheur de mes témérités ;

(Très affirmatif.)

Et je ne croirai rien, — que vous n'ayez, madame,
Par des... *réalités* — su convaincre ma flamme.

ELMIRE. « Dans le plus grand trouble ; elle n'était point préparée à la défense qu'elle est obligée de soutenir. Sa diction est entrecoupée, elle commence à craindre que son mari ne la laisse aller plus loin qu'il ne faut. » — (Mme Talma.)

Mon Dieu ! — Que votre amour *en vrai tyran* agit !
Et qu'en un trouble étrange — il me jette l'esprit !
Que sur les cœurs — il prend un furieux empire !
Et — qu'*avec violence* il veut ce qu'il désire.
Quoi ! de votre poursuite on ne peut se parer
Et... vous ne donnez pas le temps de respirer ?

« Les premiers vers du couplet ont été dits avec une chaleur progressive, l'agitation d'Elmire ne lui permettant pas de les dire de suite ; mais après le vers : « Et vous ne donnez pas le temps de respirer, » elle reprend un peu de calme, et elle achève le couplet lentement, avec une coquetterie de ton et de langage propre à amuser l'impatience de Tartuffe. »   (Mme TALMA.)

Je fais une réserve sur la seconde moitié de cette indication : la lenteur et le calme qu'elle conseille à l'actrice me semblent en dehors du mouvement général de la scène et du rôle donné d'Elmire. En outre, il faut prendre en considération celui de Tartuffe, obligé — et l'acteur ne peut se soustraire à cette obligation — de « *garder la situation* », c'est-à-dire de se montrer brûlant, impatient même, sans dire un mot, pendant les discours prolongés qu'Elmire oppose à son ardeur. La lenteur d'Elmire ajouterait une difficulté de plus au rôle de Tartuffe.

Sied-il bien de tenir *une rigueur* si grande,
De vouloir — *sans quartier* — les choses qu'on demande,
Et d'abuser ainsi — par vos efforts pressants,
Du faible — que pour vous, — vous voyez qu'ont les gens ?

TARTUFFE, tendre et pressant.

Mais, — si d'un œil *bénin* — vous voyez mes hommages,
Pourquoi m'en refuser d'assurés témoignages ?

ELMIRE

(Ainsi poussée, Elmire prend un nouveau moyen de défense, la religion ! Elle donne un accent élevé et grave à son argument.)

Mais comment consentir à ce que vous voulez,
Sans *offenser le Ciel*, — dont toujours vous parlez ?

TARTUFFE[1]

Le premier hémistiche de la réponse de Tartuffe était, il y a soixante ans, un des grands effets du rôle, si l'acteur savait lui donner la valeur qu'elle renferme. Sur la question d'Elmire, Tartuffe, agité, s'arrête tout à coup : il la regarde dans le blanc des yeux, la trouvant étrange ou naïve, au point où en est la scène, de lui faire une pareille question ; un sourire cynique, incrédule et moqueur, plisse sa lèvre ; il semble lui demander si elle parle sérieusement, ou si elle se moque de lui, et après un court silence, occupé par le langage muet

---

[1] Voir ce que Dupont-Vernon dit sur cet hémistiche. — Je ne suis pas de son avis.

du regard des deux personnages, il laisse enfin échapper du fond de lui-même, dans un accent insouciant et dégagé, ce mot shakespearien, tout ensemble comique et terrible, et qui le peint tout entier.

Si ce n'est que le Ciel...

Si cet hémistiche est bien dit... dit comme le disait Damas, il arrivera ce qui arrivait alors, le public interrompra l'acteur et trouvera sa réponse suffisante.

qu'à mes vœux on oppose,

(Haussant les épaules.)

**Lever un tel obstacle est pour moi peu de chose,
Et cela ne doit point retenir votre cœur.**

ELMIRE, exagérant la crédulité pour le forcer à dire sa pensée.

Mais des arrêts du Ciel on nous fait tant de peur !

TARTUFFE, sourire de supériorité railleuse.

**Je puis vous dissiper ces craintes ridicules,
Madame ; — et je sais l'art de lever les scrupules.**

Il faut convaincre Elmire par l'explication du casuisme accommodant ; mais il ne faut pas non plus perdre trop de temps à cela, — indiquer ce double sentiment par des hésitations et en cherchant un peu ses mots :

**Le Ciel défend, — de vrai, — certains contentements ;
Mais on trouve... avec lui... *des accommodements*.
Selon divers besoins — il est une science
D'*étendre* — les liens — de notre conscience,
Et de... *rectifier* le *mal* de l'action
Avec la... *pureté* de notre intention.**

TARTUFFE

(Abandonnant l'éclaircissement.)

De ces secrets — madame, — on saura vous instruire.

(Chaleureux progressivement :)

Vous n'avez seulement qu'à vous laisser conduire.
Contentez mon désir, — et n'ayez point d'effroi :
Je vous réponds de tout — et prends le mal sur moi...

Elmire, « après avoir fait à son mari avec le pied tous les signes qu'elle a pu (*Lettre sur l'Imposteur*), tousse plus fort (*Edition originale*) et marque une impatience mêlée d'indignation que le public seul doit apercevoir dans les regards furtifs lancés du côté de la table ».

Mme TALMA.

Vous toussez fort, madame.

ELMIRE, avec indignation.

Oui, je suis au supplice !

TARTUFFE, empressé (tirant de sa poche une bonbonnière.)

Vous plaît-il un morceau de ce jus de réglisse ?

ELMIRE, outrée.

C'est un rhume obstiné, sans doute, et je vois bien
Que tous les jus du monde ici ne feront rien.

« Une foule de spectateurs, a dit M. Taschereau, ne manque jamais à certains vers de cette scène de laisser éclater une dégoûtante gaité, qui prouve combien peu ils comprennent l'auteur auquel cette hilarité fait affront. Quoi ! c'est dans le moment même où Molière avait besoin des plus grands ménagements pour faire passer une situation que sa délicatesse rend unique à la scène, qu'il se serait permis des plaisanteries de mauvais lieux, qu'il aurait eu besoin encore de faire débiter par une femme qui s'est toujours montrée décente et retenue ? Non, le rire du parterre est calomnieux, et les actrices qui, comme nous en avons vu, se permettent à ces vers un sourire qu'elles croient malin et qui n'est que scandaleux, font voir par là qu'elles ne connaissent pas plus les règles de leur art que les lois de la pudeur. »

Pour bien jouer cette scène difficile, Elmire a besoin du sérieux du public, que l'actrice ne l'oublie pas ; ce qu'elle offre de comique n'est visé que par Orgon ou par Tartuffe.

TARTUFFE

Cela certe est fâcheux.

ELMIRE, de même.

Oui, plus qu'on ne peut dire.

TARTUFFE, passionné, ardent.

Enfin, — votre scrupule est facile à détruire.
Vous êtes assurée ici d'un plein secret,
Et le *mal* n'est jamais que dans l'*éclat* qu'on fait.
Le *scandale* du monde est ce qui fait l'*offense*,

(Voix couverte, sans abandonner le mouvement.)

Et ce n'est pas PÉCHER *que* PÉCHER EN SILENCE.

ELMIRE

« C'est ici, je crois, dit Cailhava, que l'actrice doit avoir recours à toutes les finesses de l'art pour reprocher d'un côté à son époux l'embarras dans lequel il la laisse, et pour persuader en même temps à Tartuffe que, combattue par la pudeur, elle cherche du moins une excuse à sa faiblesse ; mais je ne puis me persuader qu'Elmire doive s'emporter, doive employer les accents du dépit le plus vif. Elle a donc tout à fait renoncé au projet de démasquer Tartuffe ; car elle ne peut certainement pas espérer que l'homme adroit, soupçonneux, à qui tous les prestiges de la coquetterie la plus raffinée viennent de promettre une victoire complète, confondra les emportements de la colère avec les derniers soupirs de la vertu prête à céder. » (Cailhava, *Etudes sur Molière*, p. 188.)

Nous avons déjà insisté sur cette exigence du rôle d'Elmire. L'exaspération que lui cause d'une part la conduite de son mari, qui se montre si peu chatouilleux sur l'honneur conjugal, et qui laisse,

TARTUFFE

hors de toute mesure, se prolonger l'épreuve compromettante qu'elle a elle-même proposée, et, d'une autre, la nécessité de contraindre les appels désespérés qu'elle fait à Orgon de telle façon qu'ils ne puissent avertir Tartuffe du piège qu'on lui tend, réclament de l'actrice autant d'habileté que de tact et de goût.

C'est tremblante de colère, et nullement femme, on le sait, à céder à Tartuffe, qu'elle cherche à faire comprendre à son mari le danger au moins qu'il lui fait courir et qu'elle s'écrie « *après avoir encore toussé et frappé sur la table* ». (*Édition originale.*)

Enfin, je vois qu'il faut *se résoudre* à céder ;
Qu'il faut *que je consente* à vous tout accorder ;
Et, qu'*à moins de cela*, je ne dois pas prétendre
Qu'on puisse être content — c: qu'on veuille se rendre.

(Appuyant avec frémissement sur les deux vers qui suivent :)

Sans doute il est fâcheux d'en venir jusque-là,
Et c'est, *bien malgré moi*, — que je franchis cela :

(Respiration haletante et gênée.)

Mais — *puis que l'*ON *s'obstine* — à m'y vouloir réduire,
*Puis qu'*ON ne veut pas croire à tout ce qu'on peut dire,
Et qu'on veut *des témoins* — qui soient *plus* convaincants,

Violent effort.

« L'effet du couplet est au vers suivant, qui doit être dit avec une diction accélérée et graduée jusqu'au dernier. » — Mme TALMA.

Il faut bien s'y résoudre, et *contenter* les gens.

Transition. Agitation de la voix indiquant, pour le public, le dépit qu'elle éprouve, et pour Tartuffe un trouble qu'elle ne peut maîtriser :

Si ce consentement porte en soi quelque offense,
Tant pis *pour qui me force* à cette violence ;
La faute assurément n'en doit point être à moi.

TARTUFFE, brûlant et la tête égarée.

Oui, madame, on s'en charge — et la chose de soi...
(Il s'approche d'elle en ouvrant les bras; Elmire l'arrête vivement du geste.)

ELMIRE, « effroi visible que lui inspire la situation arrivée au moment le plus critique ». Mme TALMA.

(Voix altérée.)

Ouvrez un peu la porte, — et voyez, je vous prie,
Si mon mari — n'est point dans cette galerie.

TARTUFFE, un temps. (Sur un ton de voix cruellement moqueur :)

Qu'est-il besoin — pour lui — du soin que vous prenez ?
C'est un homme — entre nous, — à mener par le nez.

(Un peu plus animé.)

De tous nos entretiens il est pour faire gloire,
Et je l'ai mis au point de voir tout sans rien croire.

(Il se rapproche d'elle comme pour l'embrasser. Elmire d'un geste du bras, violemment tendu, le tient à distance. — Elle parle ; sa voix est brisée, suppliante :)

Il n'importe ; sortez, je vous prie un moment,
Et partout, là dehors, voyez exactement.

Tartuffe saisit sa main tendue qu'il porte à ses lèvres avec transport, et cède à sa demande ; il sort par le fond, dans le plus grand trouble ; sa figure exprime la passion et l'espérance ; mais que l'acteur se garde de rendre la situation révoltante et licencieuse en allant au delà.

SCÈNE VI

ORGON, ELMIRE

Quand les deux battants de la porte sont retombés, et que Tartuffe a disparu, Orgon soulève le tapis qui le cachait aux yeux du public, et se relève sur ses genoux. Il est pâle, anéanti, il se croise les bras, ou les laisse tomber avec accablement. Cette situation est du plus grand effet, l'acteur n'a rien à faire pour ajouter à son comique; qu'il soit sincère et vrai.

ORGON

Voilà — je vous l'avoue — un *abominable* homme!

(Très accentué.)

— Je n'en puis revenir — et tout ceci m'assomme.

ELMIRE

(Elle s'est éloignée de la table dès que Tartuffe est sorti, s'est retournée, et a contemplé son mari sortant de dessous la table.)
(Ton comique d'indifférence, qui contraste avec l'accablement dramatique d'Orgon :)

Quoi ! — Vous sortez si tôt !

Elle est outrée et son ironie très prononcée témoigne ce qu'elle ressent.

Vous vous moquez des gens !
Rentrez sous le tapis. — *Il n'est pas* encor temps :
Attendez jusqu'au bout *pour voir les choses sûres,*
Et ne *vous fiez point* aux simples conjectures.

ORGON, écrasé :

Non ! — Rien de *plus méchant* — n'est sorti *de l'enfer.*

ELMIRE, *toujours moqueuse, mais dans le sarcasme on sent aussi le reproche :*

Mon Dieu ! l'on ne doit point croire trop de léger.
Laissez-vous bien convaincre avant que de vous rendre.
Et *ne vous hâtez pas*, de *peur* de vous méprendre.

(Le pas de Tartuffe se fait entendre, Elmire se rapproche vivement de la table et « fait mettre Orgon derrière elle ». (Édit. originale.) Ainsi caché, Tartuffe en entrant ne peut l'apercevoir.

SCÈNE VII

ORGON, ELMIRE, TARTUFFE

TARTUFFE

(Il entre précipitamment, et tout en parlant, pour refermer plus commodément la porte derrière lui, il jette sur une chaise son chapeau qu'il tenait à la main : c'est tout rapproché d'Elmire qu'il dit son dernier hémistiche.

« Il est de tradition, dit Perlet, que Tartuffe, en reparaissant, aille poser son manteau et son chapeau sur une chaise, avant de dire à Elmire :

Tout conspire, Madame, à mon contentement.

« Qu'il jette en entrant son chapeau, d'accord, il le faut bien, puisque Orgon doit le saisir par les deux bras au moment où il les étend vers Elmire ; mais pourquoi quitte-t-il son manteau ? Quelle est en cela la pensée de l'acteur ? Ce ne peut être que de mieux faire comprendre au public le dessein criminel de Tartuffe. Mais, en vérité, c'est trop douter de son intelligence, et la scène, à cet égard, est bien assez explicite. Dans tous les cas, il y a là, ce me semble, une inconvenance des plus choquantes. »

Perlet a raison. Que Tartuffe, en entrant précipitamment, jette, comme nous l'avons indiqué, sur une chaise près de la porte son chapeau qui semble le gêner pour la fermer, cela suffit, le manteau est de trop.

(Haletant, hors de lui.)

Tout conspire, Madame — à mon contentement ; —
J'ai visité de l'œil — tout cet appartement.
— Personne ne s'y trouve, —

(A bras ouverts.)

Et mon âme ravie...

« Dans le temps que Tartuffe s'avance, les bras ouverts, pour embrasser Elmire, elle se retire, et Tartuffe aperçoit Orgon. » (Édit. originale.)

A ce moment, Elmire, en se retirant un peu à gauche, du côté de la table, démasque Orgon qui s'élance sur Tartuffe et le saisit par les deux bras en s'écriant :

Tout doux !

Tartuffe, épouvanté et maintenu par Orgon, demeure un moment comme cloué sur place. Orgon, sans le lâcher, le fait reculer pas à pas jusqu'à l'autre bout de la scène. Là, il le quitte, le repousse, et dit d'un ton mêlé d'ironie et de colère :

Vous suivez *trop* votre amoureuse envie,
Et vous ne devez pas *vous tant passionner*.

(Elevant le ton.)

Ah ! ah ! — *l'homme de bien*, vous m'en voulez *donner !*

(Très moqueur.)

Comme *aux tentations* — s'abandonne votre âme !
Vous *épousiez ma fille* — et *convitiez ma femme !*

(Changeant de ton.)

J'ai douté fort longtemps que ce fût tout de bon,

Et je croyais toujours *qu'on changerait* de ton.
Mais c'est assez avant pousser le témoignage ;

(Ferme.)

Je m'y tiens, — et n'en veux, pour moi, — pas davantage[1].

ELMIRE

Le ton que doit prendre Elmire pour les deux vers qui suivent est indiqué dans ce passage extrait de la *Lettre sur l'Imposteur* :

« Elmire, conservant le caractère d'humilité qu'elle a fait voir jusqu'ici, paraît honteuse de la fourbe qu'elle a faite au bigot, et lui en demande en quelque sorte pardon, en s'excusant sur la nécessité. »

C'est *contre mon humeur* que j'ai fait tout ceci ;
Mais *on m'a mise au point* de vous traiter ainsi.

TARTUFFE, après un temps, à Orgon, du ton le plus doucereux :

Quoi !... Vous croyez... ?

ORGON, brutalement :

Allons, point de bruit, je vous prie ;
Dénichons de céans — et sans cérémonie.

TARTUFFE, même intention, douce, innocente et contrite :

Mon dessein...

ORGON, avec irritation et autorité :

Ces discours ne sont plus de saison.
Il faut — tout sur-le-champ, — *sortir* de la maison.

---

[1] « Je n'ai pas besoin de dire que, dans une pareille situation, Elmire doit être pâle, tremblante, et qu'elle doit ajouter au tableau, dans le moment de la catastrophe, par son trouble très marqué : elle peut à peine se soutenir et va s'appuyer sur la table. » Mme TALMA.

Ici Perlet fait une autre observation, que je vais reproduire en déclarant tout d'abord que je suis d'un avis très opposé au sien :

« La tradition veut encore, dit-il, lorsque Orgon dit ces deux vers à Tartuffe, que celui-ci, dont l'attitude en ce moment est des plus humbles, relève tout à coup la tête, et regarde Orgon de haut en bas avec dédain, puis, sans proférer une parole, aille au fond du théâtre prendre son manteau, redescende en scène, se place entre ses deux interlocuteurs, et, se coiffant de son chapeau, qu'il enfonce jusqu'aux yeux, lui dise enfin :

C'est à vous d'en sortir...

« Ce jeu de scène, dans une telle situation, ne vous paraît-il pas bien théâtral et bien froid ? »

Il en serait ainsi assurément si le jeu de scène était exécuté de la façon mélodramatique indiquée par Perlet; mais...

« Qui veut noyer son chien l'accuse de la rage, »

et jamais le jeu exagéré et ridicule que Perlet prête à certains acteurs n'a été à l'usage des bons comédiens.

Bien exécuté, ce jeu de scène est un des plus grands effets dramatiques que j'aie vus au théâtre. Qu'y substitue Perlet ? Rien. Il veut qu'à cette injonction d'Orgon :

« Il faut tout sur-le-champ sortir de la maison. »

Tartuffe réponde immédiatement : « C'est à vous d'en sortir ! » parce que, dit-il, « le dépit, l'humiliation, la haine, la vengeance, sont les sentiments qui remplissent son cœur, et qu'ils sont trop violents pour ne pas faire irruption au dehors malgré lui, quand bien même il aurait dessein de les maîtriser »; puis il demande que Tartuffe passe devant Orgon pour aller dire à Elmire : « La maison m'appartient, je le ferai connaître. » « Assurément, ajoute-t-il, il ne faut rien négliger au théâtre de ce qui peut concourir à l'effet, puisque, en définitive, c'est le but où tendent tous les efforts de l'acteur, et la mimique ainsi que les jeux de scène y contribuent sans doute puissamment ; mais le véritable comédien devrait toujours avoir le cœur d'y renoncer quand les moyens propres à le produire ne sont pas d'accord avec la situation de son personnage et les sentiments qui l'animent. »

Bien dit : le comédien doit, il est vrai, savoir toujours renoncer à un effet, si cet effet n'est obtenu qu'aux dépens de la vérité. Mais est-ce le cas de faire ici l'application du précepte ? Je ne le pense pas ; l'effet et la vérité me semblent réunis dans le jeu de scène muet que Perlet veut proscrire, et celui qu'il propose pour le remplacer me paraît, au contraire, malgré l'agitation qu'il exige, des plus froids et des plus communs.

Tartuffe, ivre d'amour, et qui se croit au comble de ses vœux, s'élance pour embrasser Elmire, et voilà son mari qui se dresse entre elle et lui, et qui le saisit à la gorge ; c'est son masque qu'on lui arrache, il reste sans voix, l'œil hagard, anéanti, foudroyé. Les quelques mots que dit Orgon lui donnent le temps de se remettre de son trouble, il se rassemble sur lui-même, il a si longtemps abusé du cœur de son ami qu'il n'est peut-être pas impossible de reprendre sur lui son empire ; par deux fois il l'essaie, vain effort ! Orgon n'a plus d'oreilles pour ses accents hypocrites, son action n'inspire plus que le mépris et le dégoût, on lui ferme péremptoirement la bouche ; on le chasse :

« Il faut tout sur-le-champ sortir de la maison. »

et là-dessus Perlet veut que, sans perdre de temps, Tartuffe réponde : « *C'est à vous d'en sortir.* » C'est là une question de tempérament. Je crois, pour moi, que l'âme n'a souvent pas de langage plus expressif que le silence, et que Tartuffe est bien autrement terrible en ne répondant que par le regard. La haine, la fureur, la rage l'étouffent : les mots ne sauraient suffire, c'est une arme qu'il lui faut ; son silence, ses yeux nous disent qu'il cherche celle qu'il va employer... il l'a trouvée, ce sera la trahison. Il tient sa vengeance. Il remonte lentement, prend son chapeau, et Orgon peut croire qu'il obéit à son injonction ; mais redescendant en scène, il se couvre, en maître, il est chez lui, et d'une voix étranglée par la fureur et la vengeance, c'est avec autorité qu'il dit à Orgon :

C'est à vous d'en sortir...

(Tressaillement étonné d'Orgon.) Avec force :

Vous !

(Raillant dédaigneusement l'orgueilleuse prétention d'Orgon.)

Qui parlez en maître !

Avec autorité et appuyant sur les mots soulignés :

La maison *m'appartient*...

(S'adressant vivement à Elmire pour confirmer du geste et par une inflexion une nouvelle qui doit la surprendre.)

Je le ferai connaître [1].

(A Orgon, avec une fureur intérieure qu'il peut mal maîtriser.)

Et vous montrerai bien — qu'en vain — on a recours

(Haineux.)

Pour me chercher querelle —

(Se retournant vers Elmire avec un reproche jeté par-dessus l'épaule :)

à ces LACHES détours,

(A Orgon, très menaçant :)

Qu'on n'est pas où l'on pense en me faisant injure,

(Se rapprochant un peu de lui, et avec une joie où perce une rage foudroyante :)

Que *j'ai de quoi* confondre et *punir* l'imposture,

(S'interrompant pour ôter son chapeau et dire pieusement dans un changement de voix :)

Venger le Ciel qu'on blesse, et faire repentir

(Bien en face d'Orgon, arrogant et menaçant :)

Ceux — qui PARLENT ici — de me faire sortir.

[1] Je crois qu'exécuté selon ses indications, le jeu de scène, qui sort des entrailles de la situation, loin d'être froid, comme le dit Perlet, est des plus dramatiques et du plus grand effet. J'ajoute que j'ai voulu me rendre compte de celui que Perlet indique, et qu'à diverses reprises, je l'ai essayé avec la plus sincère bonne foi. Bien plus, je l'ai fait répéter à des élèves, et j'ai prié des comédiens exercés d'en faire, comme moi, l'expérience. Tous nous nous sommes convaincus que son conseil n'était pas bon à suivre, et qu'il nuisait à l'effet de la scène sans profit pour la vérité.

Après avoir parlé, il toise victorieusement Orgon de la tête aux pieds; l'attitude d'Orgon témoigne de l'appréhension que les menaces de Tartuffe lui causent. Tartuffe, en voulant gagner la porte à la gauche de l'acteur par laquelle il va sortir, s'arrête un moment devant Elmire. Il réprime une parole qu'il allait lui dire, mais il lui montre Orgon. « C'est là qu'est ma vengeance, » lui dit-il du regard, et un geste de menace annonce qu'on entendra bientôt parler de lui.

Je ne peux qu'indiquer les nuances de cette scène magnifique. Il ne m'est pas donné de pouvoir rendre avec des mots tout ce qu'elle renferme de force et de grandeur.

SCÈNE VIII

ELMIRE, ORGON

ELMIRE, émue et très inquiète :

Quel est donc ce langage? et qu'est-ce qu'il veut dire?

ORGON, très troublé :

Ma foi, je suis confus, — et n'ai pas lieu de rire.

ELMIRE, le pressant.

Comment?

ORGON, rapidement.

Je vois ma faute — aux choses qu'il me dit;
Et la... donation m'embarrasse l'esprit.

ELMIRE, étonnée.

La donation?

ORGON, avouant une faute.

Oui. C'est une affaire faite.

(Relevant le ton, avec inquiétude :)
Mais j'ai quelque autre chose encor qui m'inquiète..

ELMIRE

Eh quoi ?

ORGON, animé.

Vous saurez tout. —
(Très inquiet.)
Mais voyons au plus tôt
Si *certaine cassette* est encore là-haut.
(Ils sortent tous les deux dans la plus grande agitation.)

ACTE CINQUIÈME

SCÈNE PREMIÈRE
CLÉANTE, ORGON
(Ils entrent du fond. Orgon entre le premier.)

CLÉANTE, suivant Orgon.

Où voulez-vous courir ?

ORGON, désespéré.

Las ! que sais-je ?

CLÉANTE, calme, pour essayer de le calmer :

Il me semble
Que l'on doit commencer par consulter ensemble
Les choses qu'on peut faire en cet événement.

ORGON, ne pouvant calmer son agitation :

Cette *cassette-là* me trouble entièrement ;
Plus que le reste encore *elle me désespère*.

CLÉANTE, question inquiète.

Cette cassette est donc un *important* mystère ?

ORGON, un peu précipité, mais d'un ton de révélation.

C'est un dépôt — qu'Argas — cet ami que je plains,
Lui-même — en grand secret — m'a mis entre les mains.
Pour cela, dans sa fuite, il me voulut élire ;
Et ce sont des papiers, — à ce qu'il m'a pu dire,
Où sa vie — et ses biens — se trouvent attachés.

CLÉANTE, étonnement où se sent le reproche :

Pourquoi donc les avoir en d'autres mains lâchés ?

ORGON, s'excusant :

Ce fut par un motif de cas de conscience.

(Se reprochant sa confiance et sa simplicité.)

J'allai droit *à mon traître* — en faire confidence ;
Et *son raisonnement* me vint persuader
De lui donner plutôt la cassette à garder,

(Indiquant par le ton la subtilité et la malice du raisonnement de Tartuffe sur les restrictions mentales qu'il lui conseillait.)

Afin que, — *pour nier* — en cas de quelque enquête,
J'eusse — *d'un faux fuyant* — la faveur toute prête,
Par où ma conscience eût pleine sûreté
A faire *des serments* — contre la vérité.

CLÉANTE, mécontent :

Vous voilà *mal*, au moins — si j'en crois l'apparence ;
Et la donation — et cette confidence,
Sont — à vous en parler selon mon sentiment,
Des démarches, par vous, faites légèrement.

(Plus inquiet.)

On peut vous mener loin avec de pareils gages :
Et, cet homme — sur vous — ayant ces avantages,
Le pousser — est encor *grande imprudence* à vous,
Et vous deviez chercher quelque biais plus doux.

ORGON, avec amertume :

Quoi ! sous *un beau semblant* de ferveur si touchante,
Cacher un *cœur si double,* une âme *si méchante.!*

(S'attendrissant.)

Et moi, — qui l'ai reçu *gueusant* — et n'ayant rien !...

(Changeant de ton, passant à une colère immodérée.)

C'en est fait, — *je renonce* à tous les gens de bien ;
J'en aurai désormais *une horreur effroyable,*
Et m'en vais devenir pour eux... — *pire qu'un diable !*

CLÉANTE, plus rassis.

Hé bien ! — *Ne voilà pas* de vos emportements !
Vous ne gardez en rien les doux tempéraments.
Dans la *droite raison* jamais n'entre la vôtre ;
Et toujours — *d'un excès* — vous vous jetez dans l'autre.
Vous voyez votre erreur, — et vous avez connu
Que par un zèle feint vous étiez prévenu.
Mais, — *pour vous corriger,* — quelle raison demande
Que vous alliez passer dans une erreur plus grande,
Et, — qu'avecque le cœur d'un perfide vaurien,
Vous *confondiez les cœurs* de tous les gens de bien ?

(Avec un peu de force.)

Quoi ! parce qu'un fripon *vous dupe* avec audace
Sous le pompeux éclat d'une austère grimace,

Vous voulez — que partout — on soit fait comme lui,
Et qu'*aucun vrai dévot* ne se trouve aujourd'hui ?

(Changement de ton ; avec sagesse :)

Laissez aux libertins ces sottes conséquences;
Démêlez la vertu d'avec ses apparences,
Ne hasardez jamais votre estime trop tôt,
Et soyez, pour cela, dans le milieu qu'il faut.
Gardez-vous, — s'il se peut, — d'honorer l'imposture :
Mais au *vrai zèle* aussi n'allez pas faire injure ;
Et, s'il vous faut tomber dans une extrémité,
Péchez plutôt encor de cet autre côté.

Cléante reproduit ici ce qu'il a déjà dit à son interlocuteur dans la scène VI du premier acte. On sait quelles étaient les raisons de Molière pour essayer de désarmer les censures que l'on faisait de sa pièce, et pour insister sur la différence qu'il entendait établir entre la vraie et la fausse dévotion ; aujourd'hui ces raisons n'existent plus, et c'est ce qui peut justifier la coupure de huit vers pratiquée depuis long-temps au théâtre dans ce couplet, et qui consiste à passer du deuxième vers :

« *Vous ne gardez en rien les doux tempéraments* »

au onzième :

« *Quoi ! parce qu'un fripon vous dupe avec audace.* »

SCÈNE II

CLÉANTE, ORGON, DAMIS

DAMIS, entrant par la porte du fond.

(Très vivement, hors de lui.)

Quoi ! mon père, *est-il vrai* qu'un coquin vous menace ?
Qu'il n'est point *de bienfait* qu'en son âme il n'efface ;

Et que son *lâche orgueil*, trop digne de courroux,
Se fait *de vos bontés* des armes contre vous ?

ORGON, tristement, lui donnant la main comme pour expier la scène qui a eu lieu entre eux deux, et qu'il a lieu de se reprocher :

Oui, mon fils ; — et j'en sens des douleurs non pareilles.

DAMIS, fougueux.

Laissez-moi ; *je lui veux couper* les deux oreilles ;
Contre *son insolence* on ne doit pas gauchir :
C'est à moi — tout d'un coup — de vous en affranchir ;
Et, pour sortir d'affaire, il faut que je l'assomme.

(Il fait un pas pour sortir. Cléante l'arrête du geste.)

CLÉANTE

Voilà tout justement parler en vrai jeune homme.
Modérez, s'il vous plaît, *ces transports éclatants.*

Plus grave.
(Damis, qui était remonté, redescend au n° 2, un peu au second plan.)

Nous vivons sous un règne — et sommes dans un temps
Où — par la violence, — on fait mal ses affaires.

SCÈNE III

DORINE, DAMIS, CLÉANTE, Mme PERNELLE, ORGON, ELMIRE, MARIANE

Tous les personnages entrent du fond ; Cléante et Orgon font un mouvement comme pour aller au-devant de Mme Pernelle. Damis passe au n° 2.

MADAME PERNELLE, un peu vive.

Qu'est-ce ? J'apprends ici de terribles mystères !

TARTUFFE

ORGON, avec affliction.

Ce sont des nouveautés dont mes yeux sont témoins,

(Amer.)

Et vous voyez le prix dont sont payés mes soins.

(Récapitulation, émue d'abord.)

Je recueille avec zèle un homme en sa misère,
Je le loge — et le tiens *comme mon propre frère ;*

(Accentuant.)

De bienfaits — chaque jour — il est *par moi chargé,*

(Graduant, avec force.)

Je lui donne ma fille — et tout le bien que j'ai :

(Ramenant la voix avec une indignation concentrée.)

Et dans le même temps, — *le perfide,* — L'INFAME
Tente le noir dessein — *de suborner ma femme !*

(Continuant dans un mouvement passionné, convaincu que sa mère va partager son exaltation :)

Et, non content encor de *ses lâches essais,*
Il M'OSE *menacer* de *mes propres bienfaits,*
Et veut, — à ma ruine, — user des avantages
Dont le viennent d'armer mes bontés trop peu sages,
Me CHASSER *de mes biens* — où je l'ai transféré,
Et me réduire au point d'où je l'ai retiré !

Pour être juste, l'inflexion finale de ce couplet doit équivaloir aux mots : Hein ! qu'en dites-vous ?

DORINE

Le pauvre homme !

Ce n'est pas en aparté que cette réplique est indiquée ; elle s'adresse à Orgon ; l'ironie est cruelle, et M. Auger a peut-être eu raison de la critiquer. Elle peut cependant ne prendre que le caractère d'une leçon, si elle est donnée avec quelque tristesse, Dorine semblant dire alors à son maître : Voilà pourtant celui dont vous disiez : le pauvre homme ! Cette intention me semble d'accord avec celle que Dorine doit avoir un peu plus loin sur ces deux vers :

« *Juste retour, Monsieur, des choses d'ici-bas !*
Vous ne vouliez pas croire, et l'on ne vous croit pas.

MADAME PERNELLE

Elle a écouté sans broncher tout ce que son fils vient de lui dire ; et, après un petit silence dont l'intention est de donner plus d'importance à ce qu'elle va dire, elle répond, non pas avec le ton de quelqu'un qui conteste ou qui réfute, mais comme une femme qui affirme un fait qu'elle tient pour la vérité :

Mon fils, — JE *ne puis* du tout croire
Qu'il ait voulu commettre une action si noire.

ORGON, étonné.

Comment !

MADAME PERNELLE, axiome en forme de leçon :

Les gens de bien sont enviés toujours.

ORGON, ne comprenant pas la pensée de sa mère :

Que voulez-vous donc dire avec votre discours,
Ma mère ?

MADAME PERNELLE, agressive, et dans un ton de reproche :

Que chez vous — on vit d'étrange sorte,
Et qu'on ne sait que trop la haine qu'on lui porte.

ORGON, comprenant de moins en moins :

Qu'a *cette haine à faire* avec ce que l'on dit ?

MADAME PERNELLE, prêcheuse :

Je vous l'ai dit cent fois — quand vous étiez petit.

(Plus sentencieuse.)

La vertu — dans le monde — est toujours poursuivie.
Les envieux mourront, — mais *non jamais l'envie*.

ORGON, commençant à perdre patience :

Mais, *que fait ce discours* aux choses d'aujourd'hui ?

MADAME PERNELLE, haussant les épaules.

On vous aura forgé cent sots contes de lui.

ORGON

L'incrédulité de Mme Pernelle ne s'enveloppe plus dans des sentences ; elle l'exprime enfin clairement, et son fils, dont le ton s'élève, s'en irrite :

Je vous ai dit déjà que *j'ai vu* TOUT *moi-même*.

MADAME PERNELLE, malignement.

Des esprits médisants la malice est extrême.

ORGON, s'animant de plus en plus :

Vous me feriez damner, — ma mère.

(Accentuant.)

       Je vous di
Que j'ai vu, — *de mes yeux*, un crime si hardi.

MADAME PERNELLE, *suivant son idée, sans écouter ce que lui dit son fils, et d'un ton un peu venimeux :*

Les langues ont toujours *du venin* à répandre,
Et rien — n'est ici-bas — qui s'en puisse défendre.

ORGON

L'obstination de sa mère va faire perdre à Orgon le respect qu'il lui doit, et son premier vers veut lui faire entendre qu'elle radote :

C'est tenir un propos de sens bien dépourvu.

(Éclatant.)

Je l'ai *vu*, — dis-je, — vu, — de mes propres yeux VU,
Ce — qu'on — appelle — *VU*.

(Changement de voix ; abandonnant le cri, sans abandonner sa colère.)

                      Faut-il vous le rebattre
Aux oreilles cent fois, et crier comme quatre ?

MADAME PERNELLE

Les cris d'Orgon n'émeuvent pas Mme Pernelle ; c'est sans élever la voix, et d'un petit ton obstiné qu'elle répond à son fils :

Mon Dieu !... le plus souvent *l'apparence* déçoit :
Il ne faut pas toujours *juger* sur ce qu'on voit.

ORGON, *rugissement intérieur.*

J'enrage !

MADAME PERNELLE, *continuant à catéchiser.*

      Aux *faux soupçons* la nature est sujette,
Et c'est souvent *à mal* que *le bien* s'interprète.

ORGON, *avec indignation*.

Je dois *interpréter* à charitable soin
Le désir — *d'embrasser ma femme!*

MADAME PERNELLE, *entêtement bien prononcé*.

Il est besoin
Pour *accuser* les gens — d'avoir de *justes* causes,
Et vous deviez *attendre* — à *vous voir* SUR — des choses.

ORGON, *exaspéré*.

Hé! diantre! — le moyen de m'en assurer mieux?
Je devais donc, — ma mère, (*hors de lui*) attendre qu'à mes yeux
IL EUT...?

(*Se sentant tout près d'extravaguer et ressaisissant sa raison.*)

Vous me feriez dire quelque sottise.

MADAME PERNELLE, *opiniâtre et opposant un flegme incrédule
aux emportements et aux affirmations de son fils*.

Enfin, d'un *trop pur zèle* on voit son âme éprise;
Et je ne puis *du tout* me mettre dans l'esprit
Qu'*il ait voulu tenter* les choses que l'on dit.

ORGON, *avec violence*.

ALLEZ!...

(*Se reprenant subitement, sentant l'inutilité de la lutte, et achevant dans
une détente de la voix ce qui lui reste à dire.*)

Je ne sais pas, si vous n'étiez ma mère,
Ce que je vous dirais, tant je suis en colère!

DORINE, à Orgon. — Réflexion non moqueuse, mais philosophiquement triste.

Juste retour, Monsieur, des choses d'ici-bas.
Vous *ne vouliez* point croire — et l'on *ne vous croit pas.*

CLÉANTE, avec un peu de mouvement.

Nous *perdons* des moments en *bagatelles* pures
Qu'il *faudrait* employer à prendre des mesures.
Aux *menaces* du fourbe on doit ne *dormir point.*

DAMIS, vivement.

Quoi ! *son effronterie* irait jusqu'à ce point ?...

ELMIRE, cherchant à se rassurer elle-même :

Pour moi, — *je ne crois pas* cette instance possible,
Et son *ingratitude* est ici trop visible.

CLÉANTE, très affirmatif.

Ne vous y fiez pas; — il aura des ressorts
Pour donner — contre vous — *raison* à ses efforts;
Et, — *sur moins que cela,* — le poids d'une cabale
Embarrasse les gens dans un fâcheux dédale.
— Je vous le dis encore : — armé de ce qu'il a,
Vous ne deviez jamais le pousser jusque-là.

ORGON, convenant de son imprudence.

Il est vrai; — mais qu'y faire ?

(Sentant un regain de colère.)

A l'orgueil de ce traître,
De mes ressentiments je n'ai pas été maître.

CLÉANTE, *hasardant un avis qui n'a pas grande chance,
il le sent, d'être accueilli.*

Je voudrais de bon cœur qu'on pût, — entre vous deux,
De quelque ombre de paix raccommoder les nœuds.

ELMIRE, *avec mécontentement.*

Si j'avais su — qu'en main — il a de telles armes,
Je n'aurais pas donné matière à tant d'alarmes ;
Et mes...

ORGON, *apercevant Loyal, qui vient d'entrer et qui dans une attitude
assez humble regarde de côtés et d'autres.* — *D'un ton ennuyé.*

Que veut cet homme ? — Allez tôt le savoir !

(*Avec humeur.*)

Je suis bien en état que l'on me vienne voir !

SCÈNE IV

DAMIS, CLÉANTE, DORINE, au second plan.
LOYAL, *id.*, ORGON

Loyal est entré par la porte à la droite de l'acteur.
« C'est un homme qui, à la manière obligeante, caressante et civile dont il aborde la compagnie, semble être là pour demander pardon et accommoder toutes choses avec douceur, bien loin d'y être pour sommer toute la famille. dans la personne du chef, de vider la maison au plus tôt. » (*Lettre sur l'Imposteur.*)

LOYAL, *à Dorine dans le fond du théâtre, avec une profonde et
humble salutation, accent normand :*

Bonjour, ma chère sœur. — Faites, je vous supplie,
Que je parle à Monsieur.

DORINE, d'un ton sec.

            Il est en compagnie,
Et je doute qu'il puisse à présent voir quelqu'un.

LOYAL

Il ne cède point au mouvement que Dorine fait pour le congédier ; du ton le plus doux :

Je ne suis pas pour être en ces lieux importun.
Mon abord n'aura rien, je crois, qui lui déplaise ;

    (Mystérieux et affectueusement.)

Et je viens pour un fait dont il sera bien aise.

DORINE

Votre nom ?

MONSIEUR LOYAL, presque à mi-voix, se réservant le plaisir d'annoncer une bonne nouvelle :

    Dites-lui seulement que je vien
De la part de monsieur Tartuffe — pour son bien.

DORINE, descendant auprès d'Orgon, et rapidement et à voix un peu couverte :

C'est un homme qui vient, avec douce manière,
De la part de monsieur Tartuffe, — pour affaire
Dont vous serez, dit-il, bien aise.

CLÉANTE, à Orgon.

                  Il vous faut voir
Ce que c'est que cet homme — et ce qu'il peut vouloir.

TARTUFFE

ORGON, à Cléante, plus satisfait que fâché.

Pour nous raccommoder il vient ici peut-être :

(D'un ton devenu assoupli.)

Quels sentiments aurai-je à lui faire paraître ?

CLÉANTE, conseil précis, mais affectueux.

Votre ressentiment *ne doit point* éclater,
Et — *s'il parle d'accord,* — il le faut écouter.

(Orgon fait un signe à Dorine, qui immédiatement engage M. Loyal à descendre en scène.)

MONSIEUR LOYAL, s'avançant, le chapeau très bas, accent cénobitique.

Salut, Monsieur. — Le Ciel — perde qui vous veut nuire,
Et vous soit favorable — autant que je désire.

ORGON, bas à Cléante.

Ce doux début s'accorde avec mon jugement,
Et présage déjà quelque accommodement.

MONSIEUR LOYAL, du même ton.

Toute votre maison m'a toujours été chère,
Et j'étais *serviteur* de monsieur votre père.

(L'attention de M™ Pernelle est éveillée sur ce dire de M. Loyal ; un geste de sa part indique qu'elle ne le reconnaît pas — intention à rendre très discrètement.)

ORGON, très poli.

Monsieur, — j'ai grande honte, — et demande pardon
D'être sans vous connaître, — et savoir votre nom.

MONSIEUR LOYAL, toujours doux et câlin.

Je m'appelle Loyal, — natif de Normandie,
Et suis *huissier* à verge, — en dépit de l'envie.

(Sur l'énonciation du titre d'huissier, un léger mouvement parmi les personnages.)

J'ai depuis quarante ans, grâce au Ciel, le bonheur
D'en exercer la charge, avec beaucoup d'honneur ;

(De plus en plus respectueux.)

Et je vous viens, Monsieur, — *avec votre licence,*

(Changement léger de la voix — prenant le ton de récitation de la formule habituelle des exploits.)

Signifier l'exploit de certaine ordonnance...

ORGON, désabusé, et avec véhémence.

Quoi ! vous êtes ici...

MONSIEUR LOYAL, le calmant.

Monsieur, sans passion.
Ce n'est rien — seulement qu'une sommation, —
Un ordre de vider d'ici, *vous* et les *vôtres,*
Mettre vos meubles hors — et faire place à d'autres,
Sans délai ni remise — ainsi que besoin est.

(La stupéfaction de chacun augmente et se manifeste suivant le caractère particulier des personnages à chaque membre de phrase de l'huissier.)

ORGON, élan furieux.

Moi !... Sortir de céans ?

MONSIEUR LOYAL, calme, et très doux.

      Oui, monsieur, s'il vous plaît.
La maison, — à présent, — comme savez de reste,
Au bon monsieur Tartuffe appartient sans conteste.

 (Orgon, effaré, regarde Loyal, l'écoute, et reste sans voix.)

De vos biens désormais il est maître et seigneur
En vertu d'un contrat,

 (Frappant sur un sac pendu à sa ceinture.)

      duquel je suis porteur :

 (Insistant.)

Il est en bonne forme, et l'on n'y peut rien dire.

DAMIS, à M. Loyal, colère mal contenue.

Certes, — *cette impudence* est grande, — et je l'admire!

MONSIEUR LOYAL, à Damis se défendant — d'un ton assez ferme.

Monsieur, — je ne dois point avoir affaire à vous.

 (Montrant Orgon qui est accablé.)

C'est à Monsieur :

  (Revenant à son ton caressant.)

      Il est et raisonnable — et doux,
Et d'un homme de bien il *sait trop bien* l'office
Pour se vouloir *du tout* opposer à justice.

 ORGON, n'accepte pas l'insinuation complimenteuse de Loyal, et
    veut répliquer.

Mais...

MONSIEUR LOYAL ne le laisse pas parler, et poursuit avec
une certaine chaleur comique :

Oui, Monsieur, je sais que, — pour un million,
Vous ne voudriez pas faire rébellion ;
Et que vous souffrirez, en honnête personne,

(Mettant son pince-nez, s'agenouillant pour écrire sur son genou, et
modifiant sa voix, ramenée à un ton tranquille.)

Que j'exécute ici les ordres qu'on me donne[1].

DAMIS, avec une menace montante qui promet d'être suivie d'effet.

Vous pourriez bien ici sur votre noir jupon,
Monsieur l'huissier à verge, — attirer le bâton.

MONSIEUR LOYAL

Loyal connaît trop bien les privilèges de l'emploi qu'il exerce pour être ému des menaces de Damis; il sait, comme l'Intimé des *Plaideurs*, ce que peuvent rapporter à un huissier des injures et des coups par lui reçus dans l'exercice de sa fonction : aussi, sans témoigner la moindre colère, et sans donner le moindre signe d'appréhension, il interrompt son griffonnage commencé, et sans avoir regardé Damis, il tourne la tête du côté d'Orgon et lui dit du ton le plus calme et sous la forme d'un bon conseil :

Faites que votre fils se taise — ou se retire,
Monsieur. — J'aurais regret d'être obligé d'écrire,
Et de vous voir couché dans mon procès-verbal.

---

[1] Aimé Martin dit avoir vu M. Loyal « pour faciliter les impertinences de Dorine, se mettre à genoux ».
Le public actuel peut encore voir Loyal se mettre à genoux, non pas pour faciliter les impertinences de Dorine, mais pour pouvoir écrire sur son genou les quelques mots essentiels à la validité de son exploit, formalité encore d'usage aujourd'hui. C'est cet agenouillement très naturel qui a pu exciter une ancienne Dorine à le mettre à profit pour son lazzi. On en a ri, et il est devenu une tradition.

DORINE, entre les dents; colère contenue.

Ce monsieur Loyal porte un air bien déloyal[1].

Il y a ici une coupure de vingt-huit vers qui se pratiquait du temps de Molière. Cette coupure oblige Cléante à adresser à Dorine ce qu'il disait à Orgon :

CLÉANTE, à Dorine.

Laissez ; ne gâtons rien.

DAMIS, de plus en plus excité.

A cette audace étrange
J'ai peine à me tenir, et la main me démange.

DORINE, même sentiment bien accentué.

Avec un *si bon dos*, ma foi, monsieur Loyal,
Quelques coups de bâton ne vous siéraient pas mal[2].

MONSIEUR LOYAL

On pourrait bien punir ces paroles infâmes,
Ma mie; et l'on décrète aussi contre les femmes.

---

[1] Presque tous les commentateurs de Molière ont considéré comme mauvaise et très inopportune cette plaisanterie de Dorine, et c'est très probablement la difficulté de bien dire ce vers qui avait engendré un lazzi de Dorine qui n'a été supprimé que depuis vingt ou vingt-cinq ans. « Dorine prenait Loyal par le haut de la tête et par le bas du menton, pour le considérer plus à son aise ; puis d'un ton moitié plaisant, moitié dédaigneux, elle disait le vers :

Ce monsieur Loyal porte un air bien déloyal

et secouait ensuite ses mains comme si elle avait touché quelque chose de malpropre. Cailhava critiquait justement ce jeu de scène en 1802, Mlle Delvienne jouait alors Dorine ; mais comme le parterre y riait très fort, il a subsisté encore pendant plus d'un demi-siècle avec Mlle Demerson et Mlle Dupont.

[2] Le *Courrier des spectacles* du 8 fructidor an V reproche à une actrice de l'Odéon, Mme Pélissier, de passer derrière Loyal pendant qu'agenouillé il verbalise, de le pousser et de le jeter le nez par terre après avoir dit les deux

Ce jeu de scène, condamné si justement par le critique que nous venons de citer, s'exécutait il y a peu d'années encore. Ma note n'a d'autre but que d'empêcher qu'on ne le rétablisse quelque jour en invoquant la tradition.

CLÉANTE, intervenant, et imposant silence à Loyal d'un ton de supériorité.

Finissons tout cela, monsieur ; — c'en est assez.
Donnez tôt ce papier, de grâce, et nous laissez.

MONSIEUR LOYAL, remettant le papier avec une profonde salutation.

Jusqu'au revoir.

(Nouveau salut adressé à toute la compagnie, et dans le ton qu'il a pris au début de la scène.)

Le Ciel vous tienne tous, en joie !

ORGON, colère, et dans une imprécation :

Puisse-t-il te confondre, et celui qui t'envoie !

J'ai vu souvent Damis prendre Loyal par les épaules et le jeter à la porte ; ce jeu de scène, qui excite un rire de mauvais aloi, me paraît répréhensible. Le dernier hémistiche de Loyal peut sembler une ironie que Damis, moins que personne, ne saurait supporter ; Damis fait un mouvement de colère que Loyal aperçoit ; se sentant fautif, il décampe avec précipitation, sans que Damis ait besoin de le pousser par les épaules.

SCÈNE V

ORGON, MADAME PERNELLE, ELMIRE, ETC.

ORGON, accablé.

Hé bien ! vous le voyez, ma mère, si j'ai droit ;
Et —

vers qui précèdent. « Certes, ajoute le critique, si l'auteur avait eu dessein que Dorine se permît une pareille action, l'huissier ne se serait pas borné à se plaindre de « ses paroles infâmes ».

(Lui montrant l'exploit que Cléante tient à la main.)
Vous pouvez juger du reste par l'exploit.

(Relevant le ton.)
Ses trahisons, enfin, vous sont-elles connues ?

MADAME PERNELLE, anéantie.

Je suis tout ébaubie — et je tombe des nues !
(Coupure de huit vers.)

ELMIRE, à Orgon, avec agitation.

Allez faire éclater l'audace de l'ingrat.
Ce procédé *détruit* la vertu du contrat ;
Et sa *déloyauté* va paraître trop noire
Pour *souffrir* qu'il en ait le *succès* qu'on veut croire.

SCÈNE VI
LES MÊMES

VALÉRE

Il entre par la porte à la droite de l'acteur.
La nouvelle qu'apporte Valère est des plus importantes ; son récit demande de l'empressement et de l'animation, mais cette nécessité ne doit pas nuire au détail ; tout dans ce couplet doit être bien entendu ; qu'en le disant, le comédien, qui doit ici se montrer chaleureux, se rappelle cependant qu'au théâtre la rapidité n'est pas toujours la chaleur.

Avec regret, monsieur, je viens vous affliger ;
Mais — *je m'y vois contraint* par le pressant danger.

(Commençant ici son récit.)

Un ami — qui m'est joint d'une amitié fort tendre,
— Et qui sait l'intérêt qu'en vous j'ai lieu de prendre,

(Plus confidentiellement.)

A violé pour moi, — par un pas délicat,
Le secret — que l'on doit aux affaires d'État,
Et me vient d'envoyer un avis — dont la suite
Vous réduit au parti d'une soudaine fuite.
Le fourbe — qui longtemps a pu vous imposer
Depuis une heure — *au prince* — a su vous accuser,
Et remettre en ses mains, dans les traits qu'il vous jette,
D'un criminel d'État — l'importante cassette,
Dont, — au mépris, dit-il, du devoir d'un sujet,
Vous avez conservé le coupable secret.
J'ignore le détail du crime qu'on vous donne,

(Appuyant.)

Mais un ordre est donné contre votre personne;
Et *lui-même* — est chargé, — pour mieux l'exécuter,
D'acompagner celui *qui vous doit arrêter*.

(Mouvement général de tous les personnages qui ont écouté le récit de Valère avec un intérêt anxieux.)

CLÉANTE, ton de désespérance; il croit à la victoire de Tartuffe et s'en irrite.

Voilà ses droits armés; — et c'est par où *le traître*
De vos biens *qu'il prétend, cherche* à se rendre maître.

ORGON, avec un sentiment de colère, dont l'expression très vraie ne doit être comique que pour le public.

L'homme — est, je vous l'avoue, — *un méchant animal!*

VALÈRE, très empressé, interrompant sa réflexion.

Le moindre amusement vous peut être fatal.
J'ai — pour vous emmener — mon carrosse à la porte,
Avec mille louis — qu'ici — je vous apporte.
Ne perdons point de temps : — le trait est foudroyant,
Et ce sont de ces coups que l'on pare en fuyant.
— A vous mettre en lieu sûr — je m'offre pour conduite,
Et *veux accompagner* jusqu'au bout votre fuite.

Tous les personnages en scène sont touchés de la conduite de Valère, mais que l'expression de leurs sentiments soit des plus discrètes ; il est nécessaire qu'ils prennent part à la situation, mais ils ne doivent pas chercher à attirer sur eux l'attention.

ORGON, très ému, serrant dans ses deux mains la main de Valère.

Las ! Que ne dois-je point à vos soins obligeants !

(Se raffermissant.)

Pour vous en rendre grâce il faut un autre temps ;
Et *je demande au Ciel* de m'être assez propice
Pour *reconnaître* un jour ce généreux service.

(Se retournant vers sa mère, vers sa femme et ses enfants qui s'empressent autour de lui.)

Adieu : — Prenez le soin, vous autres...

CLÉANTE, interrompant vivement les recommandations qu'il se prépare à faire.

Allez tôt ;
Nous songerons, mon frère, à faire ce qu'il faut.

(Tous se dirigent avec empressement vers la porte gauche de l'acteur.)

SCÈNE VII

TARTUFFE est entré par la porte à la droite de l'acteur, suivi de l'Exempt, qui se tient au second plan, observant avec attention ce qui se passe. Il arrête Orgon du geste et de la voix.

Tout beau, Monsieur, tout beau!
(Au ton impérieux de la voix de Tartuffe, tous les personnages qui accompagnaient Orgon dans sa sortie s'arrêtent comme cloués sur place.

TARTUFFE, d'un ton plus ralenti et quelque peu moqueur.

         ne courez point si vite :
Vous *n'irez pas fort loin* pour trouver votre gîte,

(D'une voix qui fait sentir l'autorité.)

Et, *de la part du prince,* — on vous fait prisonnier.

ORGON, ton violent d'indignation.

Traître! — tu me gardais ce trait pour le dernier.
C'est le coup, *scélérat,* — par où tu m'expédies;
Et voilà *couronner* toutes tes perfidies.

TARTUFFE, très calme.

Vos injures — n'ont rien à me pouvoir aigrir,
Et je suis, — *pour le Ciel,* — appris à tout souffrir.

CLÉANTE, ironique.

La *modération* est grande, — je l'avoue.

DAMIS, rageur.

Comme du Ciel — *l'infâme* — impudemment se joue!

TARTUFFE

TARTUFFE, calme supérieur.

Tous *vos emportements* ne sauraient m'émouvoir;
Et je ne songe à rien — *qu'à faire mon devoir.*

MARIANE. Elle veut aussi exprimer son indignation, mais le ton
et les termes qu'elle emploie sont mesurés.

Vous avez de ceci *grande gloire* à prétendre;
Et cet emploi, pour vous, *est fort honnête à prendre.*

TARTUFFE, sans rien perdre de son calme, relève avec
quelque hauteur le reproche que lui adresse Mariane.

Un emploi ne saurait être que glorieux
Quand il part *du pouvoir* qui m'envoie en ces lieux.

ORGON. Reproche dont la note un peu attendrie tend à toucher
le cœur de Tartuffe.

Mais t'es-tu souvenu que ma main charitable,
Ingrat, — t'a retiré d'un état misérable?

TARTUFFE, convenant avec un grand ton de franchise
du bienfait qu'il a reçu.

Oui, — je sais *quel secours* j'en ai pu recevoir;

(Changement de ton; devenant digne et austère.)

Mais l'*intérêt du prince* — est mon premier devoir;
De ce *devoir sacré* la juste violence
Etouffe dans mon cœur toute reconnaissance;

(Ferme et élevé.)

Et je sacrifierais à de si puissants nœuds

(Déterminant bien chaque mot.)

Ami, — *femme,* — *parens,* — et moi-même avec eux.

ELMIRE, indignée.

L'imposteur !

DORINE, même sentiment, plus fortement appuyé.

Comme il sait, de *traîtresse manière,*
Se faire un *beau manteau* de tout ce qu'on révère !

CLÉANTE, avec une impatience qui s'accentue graduellement en parlant.

Mais, s'il *est si parfait* que vous le déclarez,
Ce zèle — qui vous pousse, — et dont vous vous parez,
D'où vient — que pour paraître, — il s'avise d'attendre
Qu'à *poursuivre sa femme* — il ait su vous surprendre,
Et que *vous ne songez* à l'aller dénoncer
Que lorsque *son bonneur* — l'OBLIGE à vous chasser ?

(Déblayant.)

Je ne vous parle point, pour devoir en distraire,
Du don de tout son bien qu'il venait de vous faire ;

(Relevant.)

Mais, le voulant traiter en coupable aujourd'hui,

(Avec plus de force.)

Pourquoi consentiez-vous à rien prendre de lui ?

TARTUFFE

Tartuffe n'a jamais été accepté par Cléante pour un saint homme, il s'est toujours senti deviné par lui, et il le hait. Ici, comme dans la première scène du quatrième acte, il ne peut rien répondre aux

TARTUFFE

arguments que lui pousse Cléante ; il s'est tiré d'affaire alors en regardant sa montre, et maintenant ce sera en ordonnant de conduire Orgon en prison ; il se contente de regarder dédaigneusement Cléante par-dessus l'épaule, et se retournant ensuite vers l'Exempt, il lui dit :

Délivrez-moi, Monsieur, de la criaillerie,
Et daignez accomplir votre ordre, je vous prie.

L'EXEMPT

La réponse hautaine de l'Exempt fait immédiatement un rôle de ce personnage. L'acteur qui le représente ne doit pas, sur l'injonction de Tartuffe, bouger de la place qu'il a prise en entrant en scène ; il a le chapeau sur la tête et son bâton d'exempt à la main. C'est après un très léger temps qu'il reprend d'une voix grave et ferme :

Oui, — c'est trop demeurer sans doute à l'accomplir :
Votre bouche — *à propos* — m'invite à le remplir.
Et, pour l'exécuter...

(Une légère pause, donnant à sa voix sans nullement la forcer un ton très grave d'autorité.)

        suivez-moi tout à l'heure
Dans la prison — qu'on doit vous donner pour demeure.

(Réaction très vive d'étonnement chez tous les personnages.)

TARTUFFE, étourdi, ne comprenant pas ce qu'il entend.

Qui ?... — Moi, monsieur ?

L'EXEMPT, supérieur.

Oui, vous.

TARTUFFE, avec force, question prononcée.

      Pourquoi donc la prison ?

L'EXEMPT, d'un accent très ferme et très méprisant.

Ce n'est pas vous à qui j'en veux rendre raison.

 Descendant en scène. il ôte son chapeau avec la plus grande politesse, et s'adressant à Orgon avec le ton souriant d'un gentilhomme et non celui d'un estaffier. L'acteur remarquera que ce personnage est un exempt des gardes du corps du Roi, et non un homme du lieutenant de police.

Remettez-vous, Monsieur, d'une alarme si chaude.
Nous vivons sous un prince ennemi de la fraude,
Un prince — dont les yeux se font jour dans les cœurs,
Et que ne peut tromper tout l'art des imposteurs.

 (Ici une coupure de vingt-quatre vers.)

 Fermeté et autorité :

Oui, de tous vos papiers, dont il se dit le maître,
Il veut, qu'*entre vos mains*, je dépouille le traître.
D'un souverain pouvoir — il brise les liens
Du contrat qui lui fait un don de tous vos biens,

 (Avec bonne grâce.)

Et vous pardonne enfin cette offense secrète
Où vous a — d'un ami — fait tomber la retraite.

 (Relevant le ton, — il fait parler le Roi.)

Et c'est le prix qu'il donne — au zèle — qu'autrefois
On vous vit témoigner en *appuyant ses droits*,
Pour montrer que son cœur sait,—quand moins on y pense
D'une bonne action — verser la récompense ;

Que *jamais le mérite* avec lui ne perd rien,
Et que, — *mieux que du mal,* — *il se souvient du bien.*

Pendant le récit de l'Exempt, Tartuffe est resté un peu à part, la tête basse et se dissimulant. Quand l'Exempt a parlé, il fait un geste impératif à Tartuffe en lui montrant la porte. Celui-ci obéit et sort en précédant l'Exempt qui a salué et pris congé d'Orgon et de sa famille.

DORINE, avec soulagement :

Que le ciel soit loué !

MADAME PERNELLE, même sentiment.

Maintenant je respire !

ELMIRE, heureuse.

Favorable succès !

MARIANE, de même.

Qui l'aurait osé dire ?

ORGON, remontant vivement la scène et criant après Tartuffe que l'Exempt a emmené.

Hé bien ! te voilà, traître !...

SCÉNE VIII

CLÉANTE, honteux pour Orgon de sa violence.

Ah ! mon frère, arrêtez,
Et ne descendez point à des indignités.
A son mauvais destin *laissez un misérable,*
Et ne vous *joignez point* au remords qui l'accable.

Souhaitez bien plutôt — que son cœur — en ce jour
Au sein de la vertu fasse un heureux retour ;
Qu'il *corrige sa vie* en détestant son vice,
Et puisse du grand prince *adoucir* la justice ;
Tandis qu'à sa bonté vous irez, à genoux,
Rendre ce que demande un traitement si doux.

ORGON, heureux, l'âme délivrée.

Oui, c'est bien dit. Allons à ses pieds avec joie
Nous louer des bontés que son cœur nous déploie :
Puis, — acquittés un peu de ce premier devoir,
Aux justes soins d'un autre il nous faudra pourvoir,
Et — par un doux hymen, — couronner en Valère
La flamme d'un amant *généreux* — et sincère.

ÉVREUX, IMPRIMERIE DE CHARLES HÉRISSEY

www.ingramcontent.com/pod-product-compliance
Lightning Source LLC
Chambersburg PA
CBHW070651170426
43200CB00010B/2190